长征书简

重温我们先辈的长征记忆

罗平汉 主编

2016年主题出版重点出版物

广西人民出版社

目录

致朱绍良

（一九三六年九月八日）

毛泽东

毛泽东

（1893—1976）

湖南湘潭人。伟大的马克思主义者，无产阶级革命家、战略家和理论家，中国共产党、中国人民解放军和中华人民共和国的主要缔造者和领导人。马克思主义中国化的伟大开拓者，近代以来中国伟大的爱国者和民族英雄，党的第一代中央领导集体的核心，领导中国人民彻底改变自己命运和国家面貌的一代伟人。毛泽东在红军长征过程中发挥着非常关键的作用。

从1930年底起，毛泽东同朱德领导红一方面军战胜了国民党军队对根据地的多次“围剿”，但在1932年的宁都会议上，毛泽东被解除了红一方面军总政委的职务，失去了苏区军事指挥权，并于第五次反“围剿”失败后参加长征。在长征途中，毛泽东审时度势，力主放弃原定到湘西与红二、六军团会合的计划，避实就虚转兵贵州，此后成功酝酿和召开遵义会议，结束了王明“左”倾教条主义的统治，实际上开始确立毛泽东在党中央领导核心的地位。遵义会议后，毛泽东成为新的军事三人团成员，重新获得了军事指挥权，并充分发挥高超的指挥艺术，驰骋于川黔滇地区，四渡赤水威逼贵阳，乘虚进军云南巧渡金沙江，与红四方面军会师。在四川，毛泽东正确处理党内矛盾，确定并贯彻北上方针，积极促成了红军三大主力胜利会师。

绍良先生：

十年酣战，随处与先生相遇，可谓大有缘矣！然鹬蚌相持，渔人伺于其侧，为鹬蚌者不亦危乎？付上共产党致国民党书，为国家民族谋，亦为先生谋也。两党两军之间，无睚眦不解之冤，有同舟共济之责。抛嫌释怨，以对付共同之敌，天下后世颂先生为民族英雄，岂不愈于胡宗南君所谓“无期徒刑”乎？夫“剿匪”非特无期徒刑也，且是一种死刑。非曰红军宣告先生们之死刑也，日本帝国主义实宣告之，非特宣告国人某一部分于死刑，实欲举全民族而宣告之，呜呼危矣！先生而同意统一战线，则鄙人竭诚以迎。惟事宜急办，迁延则利在长驱而入之寇。尚祈致意蒋先生[1]，立即决策，国事犹

可为也。书不尽意。顺颂

勋祺！

毛泽东　启

九月八日

---

* 书信摘自中央文献出版社2003年版《毛泽东书信选集》，根据中央档案馆保存的抄件刊印。

1. 指蒋介石。

【书信·解读】

1931年九一八事变后，日本加紧了对中国的侵略步伐，严重威胁着中华民族的生存，也严重威胁着蒋介石和南京政府的统治地位。在国民党内部，原本许多人员就有很强的民族主义情绪，他们一直希望日本能够适可而止，并期待国际社会能对日本实施制裁，使局势不致进一步恶化，但形势的发展远远超出了他们的预期。1935年华北事变发生，这种渐进蚕食的方式，几乎把南京国民政府逼到无路可退的地步。在这种情况下，南京国民政府开始考虑对日政策的改变，表现出一定的抗日倾向。面对国内局势的迅猛发展，1935年12月，根据共产国际七大的决议，中共中央在陕北召开瓦窑堡会议，确定了建立抗日民族统一战线的方针。1936年7月底，中共中央政治局常委会决定由毛泽东负责对东北军和整个统一战线工作的领导。8月10日，中共中央召开政治局会议，研究国共两党关系、统一战线等问题，决定由“抗日反蒋”转向“逼蒋抗日”。9月中旬，毛泽东在中央政治局扩大会议上，对政治形势和统一战线问题，又作了三次长篇发言，着重阐述了中国共产党对统一战线的领导和建立民主共和国的问题。他尤其强调，加紧对南京国民政府以外的各党各派的统一战线工作，更能逼蒋走向抗日。为适应新的形势，会议决定改“人民共和国”为“民主共和国”。会后，毛泽东草拟了《国共两党抗日救国协定草案》，成为后来国共谈判的基础，也是中国共产党同各地方实力派谈判建立民族统一战线的基础。

为了促使蒋介石尽快下定抗日决心，由“逼蒋抗日”实现“联蒋抗日”，毛泽东有层次地展开了统一战线工作。第一，做好东北军和西北军的工作。毛泽东多次致电东北军高级将领王以哲并转张学良，表达坚持联合抗日立场，并先后派李克农与王以哲面谈，派周恩来与张学良会谈。与此同时，毛泽东和彭德怀致信国民党军第十七路军总指挥、国民党政府西安绥靖公署主任杨虎城，提出西北大联合的主张。1936年秋，在西北地区形成了东北军、西北军、红军“三位一体”的抗日格局。在这样一种格局下，红军大大减轻了被“围剿”的军事压力，在初到陕北时站稳了脚跟。第二，广泛与爱国民主人士交心。1936年9月至12月毛泽东分别致信邵力子、宋庆龄、蔡元培、沈

没有毛泽东就没有长征的胜利。军事上，毛泽东在关键时刻特别是在“四渡赤水”前后挽救了党，挽救了红军，把红军从全军覆没的危急时刻中挽救回来。政治上，遵义会议上毛泽东得到了大多数人的支持，结束了王明“左”倾教条主义的统治，确定贯彻北上方针，将革命的大本营奠基西北，实现了中国工农红军的伟大转折。图为1934年秋毛泽东率领红军踏上长征征途（沈尧伊绘）。

钧儒、邹韬奋、陶行知、章乃器等爱国领袖，对他们推动全国抗日救亡运动的爱国行为和贡献表示由衷的赞赏和敬佩。

但是，取得东北军、西北军和爱国民主人士的同情和支持，只能形成一种“逼蒋抗日”的氛围，要想更进一步，必须要争取国民党高级将领和地方实力派，尤其是蒋介石嫡系将领的理解和支持。为此，毛泽东曾多次致信国民党的一些高级将领，对他们做细致的说服和联络工作。1936年9月8日，毛泽东给朱绍良的信就是在这样的背景下写就的。朱绍良，国民党高级将领，陆军一级上将。在江西时，朱绍良多次参加“围剿”红军的战役。红军北上抗日后，朱绍良又就任甘肃绥靖公署主任，兼任西北“剿共”军第一路总指挥，备受蒋介石信任。因此，毛泽东的信开头便写“十年酣战，随处与先生相遇，可谓大有缘矣”，正反映了当时的历史实际。对于这样一个老对手，毛泽东在信中痛陈民族大义，刚柔并济，力劝朱绍良能摒弃两党之争，争做一个被后人敬仰的民族英雄，而不是滑向万劫不复的深渊。朱绍良不仅有坚决的“剿共”历史，而他与蒋介石的关系也十分密切。因此，毛泽东的信，如能说服朱绍良，一方面可以为中共在西北地区创造一个良好的生存环境，另一方面也可以借助朱绍良与蒋介石的密切关系，推动蒋介石走上抗日的道路。当然，我们难以量化毛泽东的这封信在历史走势中的作用，但最起码作为毛泽东统战策略中一份，对当时推动国共合作有着重要价

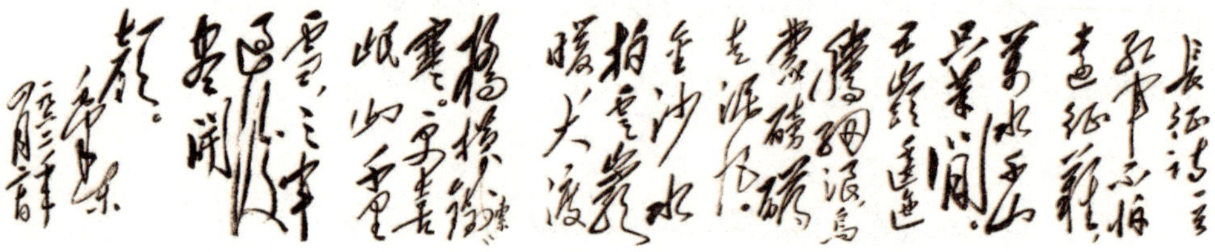

毛泽东于长征期间创作的重要诗词《七律·长征》

值。就朱绍良个人来说，1937年卢沟桥事变后，率部参加淞沪会战，任中路军总司令兼第九集团军总司令。1939年任第八战区司令长官，1940年兼陕甘宁边区总司令，指挥部队在绥西战役中重创日军，但也为封锁陕甘宁边区不遗余力。

致朱绍良的信，是当时毛泽东给国民党高级将领众多信件中的代表，一些细节充分显示了毛泽东高超的统战艺术和娴熟的统战技巧。首先，书信讲究称呼。毛泽东称朱绍良为先生，表达了对其威望、地位和作用的尊重与认可，在无形中拉近了与统战对象的心理距离。其次，晓之以理，陈明利害关系。在致朱绍良的信中，毛泽东引用了“鹬蚌相争，渔翁得利”的典故，来说明国共两党之间“同舟共济之责”，号召国民党放弃亲者痛仇者快的错误政策，尽早同意中国共产党提出的统一战线政策。再次，自称谦虚，赢得尊重。信的落款处，毛泽东在名字前不写任何职务，还有“顺颂勋祺”等敬语，这种谦称的做法，从中共一党之尊的笔下写出，意义和作用自然不同，会极大地增强统战效果，赢得对方的尊重。总之，毛泽东的这封信称呼得当，文采飞扬，态度诚恳，用典准确，既细致入微又高瞻远瞩，动之以情，晓之以理，是其统战艺术的杰出代表。

【长征·故事】胡宗南："剿匪是无期徒刑"

毛泽东致朱绍良的信中写道："抛嫌释怨，以对付共同之敌，天下后世颂先生为民族英雄，岂不愈于胡宗南君所谓'无期徒刑'乎？夫'剿匪'非特无期徒刑也，且是一种死刑。"这句话从何说起？

1932年5月，胡宗南率第一师进驻安庆，参加对红军的"围剿"，最终以"剿共"成名。1936年9月19日，胡宗南率部从湖南回到陕西关中，驻军咸阳、凤翔一带。9月25日，向甘肃进发。这时，全国与西北的形势都在迅速发展，处在大变动的前夜，全国抗日救亡运动进一步高涨。在这段时期里，胡宗南的思想非常矛盾。一方面，胡宗南不得不执行蒋介石的"剿共"政策；另一方面，胡宗南身上有着很深的民族主义情结，"剿共"确非他内心所愿。对蒋介石"攘外必先安内"的政策，胡宗南并不完全赞同，他曾向张学良抱怨，"剿匪是无期徒刑"，并说周恩来是他的老师，徐向前是他的同学，等打一仗再讲和。

胡宗南曾接近中共党员周恩来、胡公冕等人，在东征、北伐中立有战功，表现出了一定的军事才能。后来国共分裂，他出于多种原因追随蒋介石。在十年国共内

第五次反“围剿”失败与红军长征

1933年10月，蒋介石采用“三分军事，七分政治”的方针，向各革命根据地发动了第五次“围剿”。对中央根据地，蒋介石动用50万兵力，分路“围剿”中央红军。在王明“左”倾教条主义思想的影响下，李德等人先是实行冒险进攻，全盘否定毛泽东为红军提出和制定的一整套机动灵活的战略战术，在失利后又采用消极防御，打阵地战、消耗战，使中央红军遭受极为严重的损失。同时，拒绝与反对蒋介石的国民党第十九路军合作，使红军陷入孤立无援的境地。上述种种因素，最终导致中央红军第五次反“围剿”失败，红色根据地遭到严重破坏。为保存革命力量，1934年10月，中央红军主力被迫退出中央革命根据地，实施战略转移，开始长征。

战中，他的部队也参与了对红军的“围剿”。但当中华民族的危机深重时，他表现了很大的爱国热情，是国民党中一个典型的具有两面性的将领。基于此，中共从1936年6月开始，对胡宗南进行积极的说服与统战工作。首先向胡宗南伸出统战工作之手的是周恩来。1936年9月1日，在胡宗南率军重回西北之际，周恩来写了一封亲笔信给他。信中写道：

“兄在黄埔为先进，亦为蒋先生所最信赖之人，果能立排浮议，立停内战，则颂之者将遍于国人。此着克成，全国抗日战争方能切实进行，西北御侮行动，亦必能统一步骤，不致为日寇各个击破，陷民族、国家于万劫不复也。”

1936年10月前后胡宗南收到此信，看完后，默然良久，不道然，也不道否，亦没有给周恩来回信，因而也未与中共方面建立任何形式的关系。但是，在全国抗日救亡运动高涨的形势下，加上周恩来亲切热情的规劝与引导，胡宗南心中产生了强烈的震荡。据胡宗南后来的机要秘书熊向晖回忆，胡宗南对周恩来的信极为珍视，并妥为珍藏。他对周恩来所说“兄以剿共成名，私心则以兄尚未成民族英雄为憾”这句话尤为感慨。然而，胡宗南对蒋介石的忠心是不可能轻易改变的。他基于本身利害关系，只能对蒋介石效忠、服从。所以，当蒋介石要胡宗南第二次率部入甘执行“剿共”任务时，胡宗南再次进兵。就在内战一触即发之际，发生了震惊中外的西安事变。当时，胡宗南正驻兵甘肃固原县一带，如果他执行何应钦的命令攻打西安，后果将不堪设想。于是，周恩来委托胡公冕带上自己和杨虎城将军的亲笔信到胡宗南那里，制止他行动，避免双方发生冲突。胡宗南当即将杨虎城的信撕掉，但对周恩来的信却从头到尾细细读过。胡公冕对胡宗南说，蒋介石“攘外必先安内”的政策是错误的，如攻打西安后果十分严重，你也将成为民族罪人、历史罪人。胡宗南部最终没有东犯。随着西安事变的和平解决、全面抗战的爆发，1937年8月，胡宗南终于得以率部参加了淞沪会战，在与日本侵略军的作战中付出了重大牺牲。在南京失守后，1938年5月，胡宗南率部在豫东迎战日军土肥原师团，8月参加武汉保卫战，充分体现了卫国御侮的精神。

据《文史天地》2012年第5期《周恩来三次争取胡宗南》一文整理

红军长征前的队伍

致陈济棠

（一九三四年九月）

朱德

朱德

(1886—1976)

四川仪陇人。伟大的马克思主义者，无产阶级革命家、政治家和军事家，中国共产党和中华人民共和国主要领导人之一，中国人民解放军的主要缔造者之一。“朱老总”是朱德在党内的代称，也一直被人们誉为“红军之父”。1928年4月，朱德在井冈山同毛泽东领导的部队会合，成立工农革命军第四军，历任军长、红一方面军总司令、中国工农红军总司令、中央革命军事委员会主席等。他先后同毛泽东、周恩来一起指挥红军战胜了国民党军队对中央革命根据地的四次军事“围剿”，1934年10月参加长征。长征途中，朱德充分利用地方实力派与蒋介石的矛盾，积极开展统战工作，减轻了红军战略转移中的阻力。在遵义会议上，支持毛泽东的正确主张，批判“左”倾军事教条主义。红一、四方面军会合后，顾全大局，同张国焘分裂共产党和红军的活动进行了坚决的斗争。促成红二、六军团与红四方面军会合，坚决贯彻执行党中央北上抗日的方针，率军北上，实现了三大主力红军的胜利会师。

伯南先生大鉴：

贵使李君来，借聆尊旨。年来日本帝国主义之侵略，愈趋愈烈，蒋、汪[1]等国贼之卖国，亦日益露骨与无耻。华北大好山河，已沦亡于日本，东南半壁亦岌岌可危。中国人民凡有血气者，莫不以抗日救国为当务之急。抗日救国舍民族革命战争外，实无他途，而铲除汉奸卖国贼尤为民族革命战争胜利之前提。年来，德与数十万红军战士苦战频年者，莫非为求得中国民族之彻底解放、领土完整及工农群众之解放耳。德等深知为达此目的，应与国内诸武装部队作作战之联合。二年前苏维埃政府即宣告[2]，任何部队，如能停止进攻苏区，给民众以民主权利及武装民众者，红军均愿与之订立反日作战协定。

惜两载以还，除去冬蒋、蔡[3]诸君曾一度与红军订立初步协定[4]外，红军乃成为抗日反蒋而孤军奋战之唯一力量。且伺隙而图我侧后者，亦颇不乏人。比者，先生与贵部已申合作反蒋抗日之意，德等当无不欢迎。惟情势日急，日寇已跃跃欲试于华南，蒋贼则屈膝日本之前，广播法西斯组织，借款购机，增兵赣闽，若不急起图之，则非特两广苟安之局难保，抑且亡国之日可待。故红军粉碎五期进攻之决战，已决于十月间行之。届时我抗日先遣队已迫杭垣[5]，四川我部将越川边东下，威胁武汉，贺龙同志所部及在湘各部均将向湘敌协同动作，而我主力则乘其慌乱之际，找其嫡系主力决战而歼灭之。若贵部能于此时由杭、永[6]出击，捣漳州、龙岩，击蒋鼎文[7]之腹背，而直下福州；另以一部由湘南而直捣衡阳、长沙，则蒋贼将难免于覆亡也。事不容缓，迟则莫及，福建之役可为殷鉴。为求事之速成，德本两年前政府宣言之宗旨，敢向足下为如下之提议：

一、双方停止作战行动，而以赣州沿江至信丰而龙南、安远、寻乌、武平为分界线。上列诸城市及其附郭十里之处统归贵方管辖，线外贵军，尚祈令其移师反蒋。

二、立即恢复双方贸易之自由。

三、贵军目前及将来所辖境内，实现出版、言论、集会、结社之自由，释放反日及一切革命政治犯，切实实行武装民众。

四、即刻开始反蒋贼卖国及法西斯阴谋之政治运动，并切实作反日反蒋之各项军事准备。

五、请代购军火，并经门岭[8]迅速运输。

如蒙同意，尚希一面着手实行，一面派负责代表来瑞[9]共同协商作战计划。日内德当派员至门岭黄师长[10]处就近商谈。为顺畅通讯联络起见，务望约定专门密码、无线电呼号波长，且可接通会昌、门岭之电话。匆促陈辞，不尽一一。尚祈裁夺，伫候回示。

顺颂

戎安

朱德手启

* 书信摘自人民出版社1983年版《朱德选集》。

1. 指蒋介石、汪精卫。
2. 指1933年1月17日发布的《中华苏维埃临时中央政府、工农红军革命军事委员会宣言》。
3. 指蒋光鼐、蔡廷锴，系1933年11月“福建事变”的主要发动者，蒋光鼐时任国民党福建省政府主席，蔡廷锴时任国民党福建绥靖公署主任兼第十九路军总指挥。
4. 指1933年10月26日蒋光鼐、蔡廷锴等将领，在中国共产党抗日政策的影响以及广大士兵和下级军官抗日情绪的推动下，同中华苏维埃共和国临时中央政府、工农红军在江西省瑞金草签的抗日反蒋初步协定。
5. 指浙江省省会杭州市。
6. 指福建省上杭县和永定县。
7. 时任国民党赣粤闽湘鄂“剿匪”军东路总司令。
8. 即江西省会昌县属之筠门岭。
9. 指江西省瑞金，当时是中华苏维埃共和国临时中央政府所在地。
10. 指当时驻扎在筠门岭的陈济棠所部第三军第七师师长黄延桢。

【书信·解读】

1933年9月，蒋介石向中央苏区发动了第五次“围剿”。鉴于前四次“围剿”的失败，蒋介石改变了“长驱直入”的作战方法，采取“步步为营、堡垒推进”的战术。中央苏区军民为了保卫苏区，与国民党军进行了艰苦卓绝的斗争，但由于错误的军事战略和作战原则，中央苏区第五次反“围剿”作战始终处于被动，中共中央决定实行战略转移。但是从哪个方向突围呢？中央红军最后把目光放在了粤北地区。

此时主政广东的是地方实力派陈济棠。陈济棠（1890—1954），字伯南，广东防城（今广西壮族自治区防

瑞金：1934年10月，中央红军从这里开始长征

城港市）人，时任国民党广州绥靖公署主任兼第八路军总指挥、赣粤闽湘鄂“剿匪”军南路总司令。陈济棠曾多次树帜反蒋，与蒋介石积怨颇深。在1931年的宁粤对峙中，蒋介石最终被迫下野，陈济棠“居功至伟”。后来，陈济棠与蒋介石基本处于“均权分治”的状态，这让蒋介石难以容忍，不断寻找机会消除这个隐患。1933年9月，蒋介石调集大军发动了对中央苏区的第五次“围剿”，陈济棠被任命为南路军总司令。但是，蒋介石在兵力部署上从一开始就重北轻南，企图把红军逼进广东境内，使其“两败俱伤”。陈济棠对薛岳在红军北面追追停停的目的洞若观火，自然识破了蒋介石“一石二鸟”的阴谋。他为求自保，称霸南粤，想出了一条“送客”妙计：一面在红军必经之地修筑工事，避免被蒋介石抓住把柄；一面又不完成碉堡封锁线，开放一条让红军西进的道路，不拦头，不斩腰，专门从红军后卫部队身上做文章，以“送客早走”。这样一来，既防红军入粤也防蒋介石染指广东，最终达到保住广东地盘的目的。

那么怎样才能使红军知道自己的“好意”呢？陈济棠思来想去，觉得需要找个中间人先和红军接触一下，摸摸红军的“底牌”，以免红军在自己的家门口大打出手。恰巧，陈济棠的护兵中有人和红军第九军团军团长罗炳辉的内弟相识，罗炳辉内弟此时正在广东做生意，他愿意代他们到苏区传话。陈济棠立即给红军领导人周恩来写了一封信，表达了进行秘密谈判的愿望。1934年9月下旬，罗炳辉内弟很快就找到了红军保卫局局长李克农，在李克农的陪同下，他与周恩来、朱德进行了秘密会晤，并将陈济棠的密函当面交给了周恩来。博古授权周恩来和朱德全权处理谈判事宜。

朱德为利用蒋陈矛盾建立反蒋抗日统一战线，于9月底亲自致信陈济棠。朱德在信的一开始便提到“贵使李君来，借聆尊旨”。这里所说的“李君”就是前文所说的罗炳辉的内弟，也就是陈济棠的密使。朱德给陈济棠的信主要有三个方面的内容：一是分析当时的抗日形势，痛陈

长征到达陕北后的毛泽东、朱德和周恩来

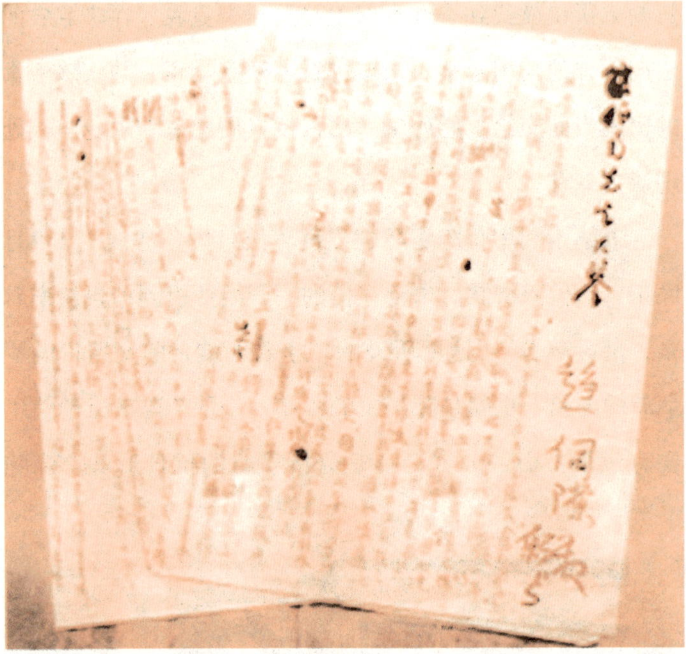

朱德关于抗日反蒋问题给陈济棠的信

蒋、汪的卖国行为，这是从民族大义的角度对陈济棠进行劝导；二是引用十九路军将领蔡廷锴、蒋光鼐反蒋抗日的事迹，期望陈济棠部能向福建和湘南双向出击，配合苏区打破蒋介石的围剿；三是提出了双方停止作战的五项建议。实际上，这封信的重点是五项建议。虽然陈济棠与蒋介石存在矛盾，但让其主动攻击蒋介石的嫡系部队，是陈济棠作为地方实力派不愿意做的事情，他只是寻求自保。事实上，陈济棠也没有这样做。相反，十九路军政治部主任徐名鸿就是陈济棠所杀。而五项建议如能达成，既可以解决苏区物资供应困难的问题，又可以在战略转移时减轻南线的军事压力。朱德在信中，充满了对陈济棠的尊敬，动之以情，晓之以理，既讲民族大义，又切实考虑到双方具体的利害关系，细致地分析了在日军的步步紧逼下，“覆巢之下，焉有完卵”的道理，具有很强的针对性。

10月5日，朱德又与周恩来派潘汉年、何长工为红军代表到寻乌与陈济棠代表进行具体谈判，最后双方达成就地停战、解除封锁、互通情报、互相借道等五项协议。正是有了这个协议，中共中央在决定突围方案时，一致同意选定南方为突破口，后来，红军在突破敌军第一、二、三道封锁线时，凡有粤军把守的地方，粤军基本上未予截击，有的只是朝天开枪放炮，借此虚张声势，告诫红军从速离开粤境。中央红军长征初期，之所以能在没有多大损

红军总司令朱德向红军指战员讲话

失的情况下于很短时间内突破三道封锁线，顺利通过陈济棠的管区，是与朱德等人成功的统战工作分不开的。但是，中央红军突围西进后，陈济棠认为过去的秘密协议不再有用，为抢夺地盘，又向赣南红军留守部队进攻。当项英、陈毅等率中央苏区的红军余部突围进入赣粤边时，粤军还积极“围剿”，刘伯坚、阮啸仙、贺昌等领导人都牺牲于广东军之手。这一事实说明，陈济棠出于军阀本性，一切行动都以维护自身割据利益为出发点，签订的协议也只是在对其有利时才会履行。

【长征·故事】红军钨砂“收买”陈济棠

1934年10月，中央红军在实行战略转移前夕，与陈济棠互派代表进行了秘密谈判。双方达成停战协议，为长征“借道”广东并突破国民党军的前三道封锁线创造了有利条件。这次谈判之所以能迅速完成，固然有政治和军事方面的原因，但赣粤贸易合作也是极重要的经济推手。自1932年起参加对中央苏区的“围剿”到签订停战协定，粤军与中央红军之间形成了“明打暗和”的局面。

国民党在对中央苏区进行“围剿”时，采取军事进攻和经济封锁双管齐下的策略。经济封锁造成苏区盐、布、药等物资价格昂贵，为此，苏区中央政府采取积极措施打通赤白贸易，吸引白区商人偷运货物与苏区交易。蒋介石虽下令严查，但由于对双方都有利，偷运之事仍然屡禁不止，有些大商号更是与驻军勾结分利，特别是陈济棠控制的赣粤边境。贸易往来常常是由商家出面，粤军参与得利。例如，著名商家“广益昌”方面供给食盐、布匹、西药等，而苏区方面供给钨砂、粮食、油。双方约定：交货都以“武装抢劫”为名义来完成。由于赣粤贸易的重要性，中央苏区领导人也尤其重视和陈济棠部的经济交往问题。朱德在给陈济棠的回信中提出的双方合作五项内容中，就有两项是关于经济方面的合作问题，包括“立即恢复双方贸易之自由”和“请代购军火，并经门岭迅速运输”。

1933年7月20日，德国国防军驻华代表汉斯·克兰与陈济棠、李宗仁一起签订了第一份粤德合作协议《中德交换货品合约》，规定德国在广州的琶江口修建系列兵工厂，两广以货代币支付。1934年7月20日，克兰又与陈济棠签订了一份秘密易货协定：以中国的原料产品交换德国的“工业品”，总额达2亿马克。德国曾与南京政府签订的易货协定规定中国每年向德国输出价值360万元的钨砂，约3600吨。同样，广东方面向德国支付的主要货物也是钨砂，数量不少于此量。由于陈济棠与德国签有两份易货合约，因而，在中德钨矿交易中，陈济棠是比南京政府更大的卖家。陈济棠曾经对德国表示：其重整军备所需要的矿产原料，尤其是钨矿，实际上是垄断在广东省政府手中的。

1929年，广东钨矿产量为3582吨，1930年为2433吨，而同期赣南钨矿的产量分别是5944吨和3805吨，可见，广东本省的钨矿产量差额必须得由赣南补充。对陈济棠来说，最好的结果是能借“剿共”成功占据赣南，然后名正言顺地控制整个赣南钨产区。中央红军长征离开中央苏区后，粤军一直占据不走，令南京方面非常无奈。

总之，1932年至1934年间，中央红军阻击与袭扰参与“围剿”的粤军，不仅打乱了陈济棠企图一举侵占赣南钨砂产地的如意算盘，还明显消耗了其军事实力。在这种情况下，明里“剿共”暗里贸易成为陈济棠“名利双收”之事，必须兵不血刃地顺利送走中央红军，才能得到稳定、公开的钨砂来源供应。从这个逻辑出发，粤德贸易协定也促成了陈济棠与中央红军在长征前夕的谈判之举。

据2013年11月30日《广州日报》刊《陈济棠为钨砂抗蒋联红》等文整理

致孙震

（一九三六年八月七日）

刘伯承

刘伯承

（1892—1986）

重庆市开县人。中华人民共和国元帅，中国人民解放军缔造者之一，伟大的无产阶级革命家、军事家、马克思主义军事理论家，军事教育家。刘伯承为中华民族和中国人民的解放事业建立了不朽功勋，为我国的国防建设和社会主义建设事业作出了杰出贡献，对我军向正规化、现代化迈进作出了卓越的贡献。

1930年后，先后担任中央军委参谋部参谋长和红军总参谋长等职务，参与指挥了中央苏区第四次反“围剿”战役，并取得胜利。后因反对军事顾问李德的军事教条主义和专横作风，被降职为第五军团参谋长。长征初期，刘伯承协助军团长董振堂，执行后卫任务，掩护中央机关通过国民党四道封锁线。1934年底重新担任红军总参谋长，在飞跃乌江天险、四渡赤水、渡过天险金沙江、强渡大渡河等战役中发挥了重要作用。朱德称赞刘伯承“有时任先遣，有时作殿后，所负任务，无不完成”。1935年5月22日，刘伯承根据彝族的风俗习惯，同彝族果基家支首领小叶丹歃血为盟，保证了红一方面军主力顺利通过彝族区，成为一段佳话。红一、四方面军会合后，同张国焘的分裂活动进行了坚决的斗争，被撤销总参谋长职务。1936年10月，红军三大主力会师后，刘伯承第三次出任红军总参谋长。

德操吾兄麾下：

我军抗日北上，道出川边，接近贵防，而不克与吾兄晤谈，至为歉仄。昔者川军混战，吾辈时或并辔杀敌，时或相对交绥，事迹虽是英勇，究属同室操戈。如留兹精力以抗击日本帝国主义及卖国贼，岂不较为荣幸，言念至此，想当同慨。日本并吞中国，蒋贼为其清道夫，中国北部已非我有。举国血气之士，莫不相谋团结与之为敌。两广事变'其一斑也。现在伯南出走香港，李（宗仁）白（崇禧）自治广西，实由于抗日组织团结不坚，使蒋贼得以遂其扫除黔王（家烈）之故技，西南将士可以前鉴。吾兄英俊卓绝，爱国有素，而又防接陕甘，毗邻红军。联盟抗日，形势顺利，此敝总司令所望于麾下相邀赞同，如吾兄一时不便为此，则甚盼互不侵犯，经保国防实力，切勿为蒋贼离间，自相残杀。临颖无任盼复之至。

---

* 书信摘自当代中国出版社1992年版《刘伯承传》。

1. 又称“六一事变”，是指在1936年6月至9月，国民党内部的地方实力派系——广西的新桂系和广东的陈济棠粤系，利用抗日运动之名义，反抗不积极抗日的国民政府首领蒋介石的政治事件。

【书信·解读】

1935年6月中央红军与红四方面军懋功会师后，为红军制定正确的战略方针，明确下一步发展方向，成为中共中央面临的首要任务。在这个事关红军前途命运的问题上，中共中央和张国焘之间产生了北上还是南下的严重分歧。张国焘为坚持其南下的错误主张，不惜采用胁迫的方式，致使红一方面军部分单独北上。后在共产国际的敦促下，加之南下受挫，张国焘被迫北上。1936年7月，红四方面军与红二、六军团在甘孜会师。红二、六军团和三十二军组成红二方面军，以贺龙为总指挥，任弼时为政治委员，萧克为副总指挥，关向应为副政委。在红二、四方面军领导人举行的甘孜会议上，朱德、任弼时、贺龙、刘伯承、关向应等经过坚决的斗争，终于迫使张国焘同意红

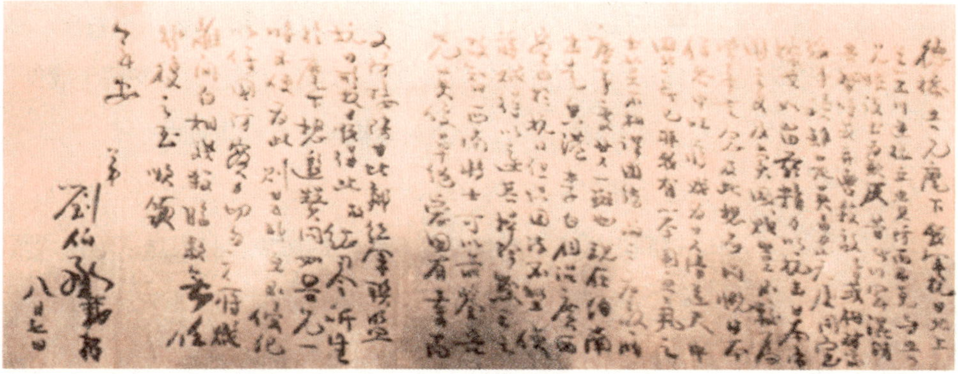

刘伯承给孙震的信

二、四方面军一起北上与中央会合的行动方针。7月下旬，红二、四方面军由甘孜北上，刘伯承随红二方面军行动。8月初，走出草地的红二、四方面军根据敌我形势和中共中央关于速出甘南、抢占腊子口、攻占岷县的指示，在四川若尔盖县求吉寺召开会议，决定红二、四方面军共同组织岷洮西战役，为继续北上打开通道。从国民党方面的部署来看，虽有王均、毛炳文、鲁大昌等构筑的防线，但战线过长，兵力分散，胡宗南部因“两广事变”的发生，一时难以赶到甘肃。为成功实施岷洮西战役计划，减去侧翼威胁，保证战役的顺利进行，分化敌军，扩大抗日阵线，刘伯承于8月7日给驻守川甘边界的国民党第四十一军军长孙震去信一封。

孙震（1892—1985），四川绵竹人，字德操。早年加入同盟会，参加陕西辛亥革命起义。1921年入保定军校第一期，毕业后在川军服役，参加过讨袁护国战役。历任国民革命军二十九军副军长、国民革命军四十一军军长、国民革命军二十二集团军副总司令和总司令，第五战区副司令长官，参加过娘子关、台儿庄等著名抗日战役，可谓川中名将。同样是川中名将的刘伯承也曾在四川参加过讨袁护国等战役，虽属不同的队伍，但在讨袁护国上有着共同的目标，也算得上是并肩作战过。在信中，刘伯承称孙震为“德操吾兄”，提到川军混战时“并辔杀敌”的历史，且表达了不能“晤谈”的歉疚之情，大大拉近了和孙震之间的距离。为了说服孙震“互不侵犯”，首先，刘伯承痛陈国难，斥责蒋介石的卖国罪行，以挑起孙震的民族主义情绪，在抗日问题上产生共鸣。其次，刘伯承列举了两个国民党内部纷争的例子：一是两广事变中，反蒋的陈济棠被迫下野，出走香港，失去了对广东地区的控制；二是蒋介石借追剿红军的机会，解除了贵州军阀王家烈的军权。这会极大地触动孙震作为非嫡系将领敏感的神经。在驻防川北时，蒋介石曾以“玩忽命令”“作战不力”，连失苍溪、阆中、南部、理番为由，手令：“兼川陕边防督办、第十二路总指挥、四川剿匪第二路总指挥、二十九军军长田颂尧，着即撤职查办。其副军长孙震辅助不力，记大过一次。著令孙震暂率二十九军，戴罪图功。”田颂尧、孙震受处分后，对蒋介石深怀不满。因此，刘伯承给孙震的信紧紧抓住国民党内部矛盾这一点，具有很强的针对性，极大提高了说服的效果。孙震见信后，作战行动更加消极，只是虚张声势，不与红军进行实际的对抗，大大减轻了红军北上的阻力，使红军发动岷洮西战役时不致腹背受敌。1937年9月孙震率领四十一军出川抗日，从绵阳誓师出发，公开表示“倭寇不灭，誓不回川”的誓言，在抗日战争中屡立战功。

【长征·故事】长征路上的“彝海结盟”

1935年5月22日，刘伯承与彝族果基家支的首领果基小叶丹在冕宁县彝海边歃血为盟，从此“彝海结盟”享誉世界，载入史册。举世闻名的“彝海结盟”是中国工农红军长征史上的重大事件，为中国工农红军北上抗日开辟了道路，为党的民族政策的执行开拓了先例，也向世人宣告了中华民族团结的力量坚不可摧。

1935年5月，红军长征来到冕宁县（今属石棉）泸沽镇时，要强渡大渡河北上抗日，有两条路线可供选择。一条是从泸沽经过越西到达汉源县大树堡大渡河边，另一条是从泸沽经过冕宁县城，再过大桥镇、彝海、拖乌，再到石棉县安顺场大渡河边。第一条路有国民党重兵把守，第二条路国民党军队兵力薄弱。红军选择了第

建在“彝海结盟”原址上的“彝海结盟”纪念碑雕像

二条行军路线。但是这条路也有不少困难，一是羊肠小道路难行，二是由于地方军阀对民族地区的长期压制，民族矛盾十分尖锐。因此，能否处理好与行军路线沿途彝族同胞的关系，这关系到红军能否顺利通过彝区。

1935 年 5 月 22 日，红军来到冕宁县入境彝海地区，这让彝族地区首领小叶丹心里犯了嘀咕，于是，小叶丹方面派出了精通汉语的管家沙马尔古和毕摩沙马马海兄弟俩前去打探侦察，随后，他们受到了刘伯承的亲自接见。刘伯承向他俩说明，红军是北上抗日路过彝区的，红军是工农子弟兵，是彝族的兄弟。在兄弟俩的撮合下，双方最终达成一致意见。随后，小叶丹带上几名

1935 年 5 月 24—25 日，刘伯承、聂荣臻亲自指挥长征著名战斗——强渡大渡河。图为位于四川省石棉县大渡河上的铁索桥。

亲属和沙马马海、沙马尔古到彝海边与刘伯承见面。这是刘伯承和小叶丹的首次会面，也是最成功的一次会面。就是此次见面，举行了具有重大历史意义的“彝海结盟”。按照彝族的传统宗教习惯，举行重大的结盟仪式，必须请毕摩主持结盟的宗教仪式，才能使结盟具有权威性和神圣性。沙马马海和他的哥哥沙马尔古一起主持了“彝海结盟”的宗教仪式，为红军顺利通过彝区，争取时间北上抗日创造了有利条件。

从1935年5月23日开始，沙马马海率领十多人护送第一批红军过彝区，一边给红军当向导，一边对沿途的彝族同胞做宣传。他对当地的地形非常熟悉，哪里有近路、哪条路安全，他都心里有数，加上毕摩的身份令他很有威望，在沿路并没有受到阻碍，于24日晚就把先遣部队带到了安顺场的马鞍山。沙马马海又返回去接应后面的红军，来来回回一批一批地送了8天8夜。一路上沙马马海带领红军抄近路、行安全路，在与红军接触的过程中，红军吃苦耐劳的精神令他感受颇深。他总是告诉后代，从接触到送红军过彝区，看见红军队伍尽管穿着很艰苦，但从不退缩、坚持北上抗日，这种精神一直令他感动。

据2016年9月10日人民网《彝族后代怀念祖父　红色毕摩的“长征路”》一文整理

我们临死以前的话

（一九三五年三月二十五日）

方志敏

方志敏

（1899—1935）

江西弋阳县人。中国共产党优秀党员，江西党组织的创始人之一，闽浙皖赣革命根据地的创建者。历任县委书记、特委书记、省委书记、军区司令员、红十军政委、闽浙赣省苏维埃政府主席，中华苏维埃共和国中央主席团委员，党中央委员等职务。方志敏把马克思主义与赣东北实际相结合，创造了一整套建党、建军和建立红色政权的经验，毛泽东称之为“方志敏式”根据地。1934年10月，作为北上抗日先遣队的红七军团在寻淮洲的率领下到达闽浙赣根据地，与方志敏的红十军汇合，并合编为红十军团，方志敏任军政委员会主席，统一领导闽浙皖赣边党的组织和革命武装。12月，由方志敏等率领的红军北上抗日先遣队，在谭家桥镇乌泥关、白亭、石门岗一带与国民党王耀武部队遭遇，损失惨重。1935年1月24日，因叛徒出卖，方志敏在怀玉山不幸被俘。在狱中，方志敏坚贞不屈，写下了《可爱的中国》《清贫》等著名作品。1935年8月6日，方志敏在南昌英勇就义，时年36岁。

我们临死以前的话：

我们因政治领导上的错误，与军事指挥上的迟疑，致红军十军团开入狭隘的敌人碉堡区域，在玉山地方，受七倍于我的敌人之包围，弹尽粮绝，人马疲苦，遭受极大的损失。我们急于转回赣东北苏区，一方面接受中央的批评和指示，检查皖南的行动，作出正确的结论。另〈一〉方面整顿队伍，准备再去执行新的任务。故不避危险，不顾雨雪和饥饿（七天没有吃什么东西），不分昼夜，绕过敌人之封锁线，但因叛徒告密与自己的疏忽在陇首村封锁线上，被敌军四十三旅俘住，时在一九三五年一月二十四日上午一时。

我们被俘后，即解南昌，脚铐重镣押于军法处看守所。同囚所押的，有红十军干部周群同志等三十五人（周群、李树彬、张胡天同志××一月即被敌枪毙）。同囚室的则有我与刘畴西、王如痴、曹仰山等同志四人。在被俘时，负伤三人，入狱后，三日即大病，病了一个多月，现在好了一点，骨瘦如柴，远望活像一个骷髅。接着王如痴同志又患肋炎症，热度达摄氏表四十度，刘畴西同志也病了，狱中囚人有百分之九十以上是患病的。只有我小病十几天，整天拿着笔写文章，不管病与不病，都要被敌枪毙的。

我们是共产党员，为革命而死，毫无所怨，更无所惧，只有两件事，使我们不能释怀：作过某些错误，但经党指出，莫不立刻纠正，我们始终是党的正确路线的拥护者和执行者，是马克思、列宁主义竭诚的信仰者，我们相信共产国际的伟大和他领导世界革命的正确，我们相信中国布尔什维克党中央的伟大和领导中国革命的正确，我们坚决相信在国际和中央列宁主义领导之下，中国革命和世界革命必能在不远的将来得到全部成功！

苏维埃的制度将代替国民党的制度，而将中国从最后崩溃中挽救出来！

共产主义世界的系统，将代替资本主义世界的系统，而将全世界无产阶级和全人类，从痛苦死亡毁灭中拯救出来。全世界的光明，只有待共产主义的实现！我们临死前，对全党同志诚恳的希望，就是全党同志要一致团结在中央领导之下，发扬布尔什维克最高的积极性、坚决性、创造性，用尽自己的体力和智力，学习列宁同志“一天做十六点钟工作”的榜样，努力为党工作！积极开展城市工人运动（这是我党目前工作最薄弱的一环），不惮艰苦地进行国民党军中的工农运动（白军工兵不满已到极点），广泛开展农民运动，争取千百万被压迫的工农士兵群众到党的旗帜之下来，很快实现党所提出“创造一百万强大的红军”的口号，在中国各地开展游击战争，分散国民党的兵力，使国民党像打火一样，这处打不熄，那处又燃烧起来，不能集中大的兵力来攻我主力红军。在各地积极创造新苏区，来拥护和援助主力红军，使能很快击破敌人，造成全国的反攻形势，汇集中国苏维埃运动的洪流，冲毁法西斯国民党血腥统治，达到独立自由的工农苏维埃新中国的建立！

在此时，如有哪些同志不执行党的决议和指示，而消极怠工，那简直不是真正的革命同志，而是冒牌党员，这样的人，是忘记了国民党囚牢里正在有好几万的同志，正在受刑吃苦，忘记了国民党的刑场上党的同志流下的斑斑血迹，忘记了我们的主力红军正在川黔湘艰苦的战斗，更忘记了千千万万的工农劳苦群众正在啼饥号寒无法生存。

亲爱的同志们，我们因错误而失败，而被俘入狱，现在是无可奈何的要被法西斯国民党屠杀了。我们要与你们永别了！

法西斯国民党在用种种威迫利诱的可耻手段，企图劝诱我们投降？你国民党是什么东西！——一伙凶恶的强盗，一伙无耻的卖国汉奸！一伙屠杀工农的刽子手！我们与你们反革命国民党是势不两立的，你法西斯匪徒只能砍下我们的头颅，决不能丝毫动摇我们的信仰！我们的信仰是铁一般的坚硬的。

我们现在准备着越狱，能成功更好，不能成功则坚决就死！在法西斯匪徒们拿枪向我们的头颅胸膛发射，或持刀向我们头上砍下之前，即在我们流血之前，我们将用最大的阶级愤怒，高呼下列口号：

打倒日本帝国主义！

打倒卖国的国民党！

红军最后胜利万岁！

中华苏维埃共和国万岁！

中华民族解放万岁！

中国共产党万岁！

共产国际万岁！

苏联万岁！

全世界无产阶级最伟大的领袖——斯大林同志万岁！

共产主义在全世界胜利万岁！

方志敏

一九三五年三月二十五日写完

六月二十九日

密写于南昌军法处囚室

---

* 书信摘自江西人民出版社1991年版《江西革命烈士书信选》。

【书信·解读】

1934年，中国共产党为反对日本帝国主义的侵略、冲破国民党军队对中央革命根据地的“围剿”，组建了北上抗日先遣队，它最初由寻淮洲、粟裕等领导的红军第七军团担任。1934年7月，抗日先遣队从江西瑞金出发北上，11月在江西重溪与方志敏领导的红十军会合后，组成红军第十军团，成立了以方志敏为主席的军政委员会。随后，先遣队继续北上，沿途不断遭到国民党军的阻截，寻淮洲在作战中壮烈牺牲。1935年1月返回闽浙赣根据地休整途中，在赣东北怀玉山地区，遭到国民党军队绝对优势兵力的围攻，部队受到重大损失，方志敏被俘。在狱中的方志敏并没有失去信心，一边筹划越狱，一边写作。

1935年3月25日（密写于6月16日，本书信署密写日期），方志敏写成《我们临死以前的话》，表达了对革命的无比忠诚、对马克思主义信仰的无比坚定，后来被传诵为《方志敏遗嘱》。这封信主要有如下三个方面的内容：第一，方志敏总结了红十军团失败的原因，认为政治领导的错误和军事指挥的迟疑导致最后的失败。第二，介绍了狱中被俘同志的状况。其中提到几个主要人物，如刘畴西、曹仰山、王如痴、周群等。刘畴西是红十军团军团长，曹仰山是红十军团参谋长，王如痴是十九师参谋长，在寻淮

方志敏（中）、刘畴西（左）、王如痴（右）在狱中

洲牺牲后任十九师师长，周群是红十军团保卫局局长。他们被俘入狱后，有的被枪毙，有些则在监狱艰苦的环境下，加上身负重伤，导致疾病缠身。第三，表明心志。在表达遗憾的同时，对未来革命的前途充满了信心。这封信写成的时间是1935年3月25日，这时的方志敏还被囚禁在“普通号”，环境自然十分恶劣，狱中的几个同志身患重病与此有着不小关系。另外，在方志敏所有的作品里，这封信件算是比较早的。既然是《狱中遗嘱》，比较符合逻辑的是，它的写作时间应该要晚于其他作品，这或许跟方志敏刚入狱时其他同志先后被枪毙有关系，方志敏自知时日不多，写了这封《我们临死以前的话》。

方志敏同志被捕入狱时，中国革命的整个形势也处于危难之中。但是，方志敏同志毫不悲观，他在信中写道："我们是共产党员，为革命而死，毫无所怨，更无所惧"，"共产主义世界的系统，将代替资本主义世界的系统，而将全世界无产阶级和全人类，从痛苦死亡毁灭中拯救出来。"这种坚定的理想信念是方志敏献身革命的内在动力，这种不屈不挠、顽强奋斗的品质，体现了中国共产党人压倒一切敌人、压倒一切困难，坚持革命乐观主义、排除万难去争取胜利的精神。正是依靠这种精神和品质，中国共产党才能领导军队和人民战胜千难万险，取得中国革命的胜利。今天，中国正面对错综复杂的国际形势，国内的改革已经进入攻坚阶段，发展处于关键时期。全党同志首先是各级领导干部，必须发扬方志敏的精神，保持坚韧不拔、奋发有为的状态，把握机遇，迎接挑战，才能不断克服困难，开拓前进。

【长征·故事】方志敏与绑架案毫无关系

关于方志敏为何被判死刑，网上流传一篇题为《师达能夫妇被绑架与方志敏》的文章，此网文中写道："师达能夫妇遇害一案在当时就引起了极大的轰动，影响绝不亚于号称民国第一大绑票案的临城大劫案。"倘若真如网文所言，当时的报纸一定会有连篇累牍的报道，但是，翻阅1934年12月的《申报》，却没有只言片语。这不能不使人质疑该信息的真实性。

再有，关于对方志敏的审讯，当时的报纸仅有两次报道。一次是1935年2月5日，《申报》有短讯报道："军法处3日午提讯一次，由钱副处长讯问，方匪倔强犹昔，大有至死不悟之概。"另一次是2月9日，《申报》又以《赣绥署三处会审方匪》报道："8日午后3时，绥署军法、参谋两处及行营政训处，在军法处会审方匪志敏。"两次报道都没有提及师达能夫妇的绑架案。

1935年1月27日，方志敏被俘后即被军警押到南昌，囚禁于"委员长行营驻赣绥靖公署"军法处看守所。按规定，凡是新犯人，看守所照例都要审问一次，但审问只是走形式，与量刑无关。为了镇压革命，消灭共产党，国民党政府于1928年3月9日颁布了《暂行反革命治罪法》，规定凡"意图颠覆中国国民党及国民政府"的各种行为都以"反革命罪"论处。

看守所的审判官也有一个判案的腹稿。"即是：凡关于共案，宁错杀不可错放。当了分田委员的杀！打过土豪的杀！当过乡苏主席的杀！加入了共产党的杀！被俘来的红军，排长以上的都杀！不杀的就下监，起码三年，多则十年二十年或无期徒刑不等，这算是特别的宽大了。他有了这个铁则，不怕几多案件，他只要看一看犯人的出身，口供如何，那是次要的，是什么人，就给什么处分，毫不需要怎样去考虑，不要一刻时候，他就

按一按叫人铃，说案件统给决了，拿去执行好了。”（《死！——共产主义的殉道者的记述》）

在《死！——共产主义的殉道者的记述》一文中，方志敏详细记载了审判官与“犯人”祥松（即方志敏——笔者注）之间的对话：

处长：“我想向你进一忠告。你们既已失败至此，何必尽着固执，到国方来做事好了。”

“哼！我能做什么事。”祥松差不多是从鼻子里呼出了这一句话。

“你能，你能做事的，我们都知道，上面也知道；不然杀了多多少少你们那方的人，何以还留到你们不杀呢！老实说，上面要用你们啦，收拾残局，要用你们啦！”

“我可以告诉你，要知道，留在苏区的共产党员，都是经过共产党的长久训练，都是有深刻的主义的信仰的。”

处长问：“你晓得孔荷宠吗？”

“听到他的名字，没有见过面，他是个无耻的东西！”

“他无耻？在你们说他无耻，在我们却说他是觉悟，他现在极蒙上面信任，少将参议！每月有五百元的薪金！”

“我不能跟他一样。我不爱爵位也不爱金钱。”

以上这些对话，具体、生动地描述了审讯的情景，同时也表现了方志敏大义凛然、视死如归的精神，但没有涉及师达能绑架案。综上，没有证据可以证明，国民党政府是以谋杀罪判处方志敏死刑的。

据2015年11月9日《北京日报》

致全体同志

（一九三五年四月二十日）

方志敏

赣东北，闽北，皖赣，皖南各负责同志并转全体同志：

亲爱的同志们！关于我们这次失败的原因、经过，以及我们入狱的愧悔交集，在别的文件上已经说明了，不再赘述。现向同志们贡献的有下列意见：

（一）我在狱中细思赣东北苏区的发展与红军的胜利，所以落后于中央苏区和川陕苏区的原因，实不能不归咎于右倾保守主义。在一九三一、一九三二、一九三三，三个整年中，赣东北苏区的环境是相当的顺利，极有利于大发展。然而这三年中，不但没有发展，且缩小了一部分。红军的胜利，也极不够。其原因，就是党的领导存在着右倾保守主义的错误。对于白区工作，没有予以极大的注意，没有遣派得力的干部，没有严厉揭发白区工作的右倾错误与加紧指导和督促。红军则尽在苏区作战，没有大胆到白区去进行极大的战争（红十军第二次进闽北，是冲破保守主义而在白区进行较大战争，就得了很大的胜利），自然损失了不少伟大胜利的机会。而各县独立营和游击队，多是晚出早归，不能在白区进行多时间的游击战。当时苏区周围的白区，是异常空虚，群众是异常的要求革命，而我们的目光只看到苏区以内，极端缺乏向外积极发展的精神，较之一九二八年至一九二九年的进取精神，都有逊色。宏义[1]同志到赣东北后，对于右的富农路线、“左”的立三路线以及其他政治上错误的观点，都给了正确的纠正，但对于保守主义不但未有揭发，而且不自觉的多方掩护自己的与党内一般同志的保守主义的观点，使他在党内成为对外发展的阻碍。在一九三一年末，红十军领导者的右倾，已经十分明显，当时省委给其纠正，也极不够。中央几次批评赣东北党右倾错误的指示信，都没有虚心地接受和讨论，这不能不是党的重大损失（宏义同志压制党内自我批评错误，过去是很明显的）。中央一九三三年七月的指示信到后（十一月才接到），党内才开始了反右倾保守主义的斗争。皖赣皖南新苏区的创造与游击战争的开展，明显的是赣东北党执行了中央指示信的结果。一九三四年，正当着敌人五次围剿，苏区周围的封锁线渐次造成，给对外发展不少的困难。回思一九三四年前三年，确实深感着那时错失了许多有利发展的机会。就是这次红十军的失利，固然主要是我们领导上的错误和无能，但是进一步追问，则保守主义且是这次失败的远因。因过去对皖南工作的忽视，以致红十军在皖南行动，没有得到当地党的和群众有力的帮助，不能得到一个整天的休息（当然主要没有取得战争的胜利），因而折回苏区，受到失败。故我希望同志们谨记取过去血的经验及教训，时时注意加紧反右倾保守主义的斗争，积极向外发展，积极扩大和加强红军，积极扩大进行游击战争，用尽一切力量创造起新苏区。在中国革命形势更加发展的将来，将成为夺取京、沪、杭中心城市的红军根据地，意义是非常伟大的。

（二）关于红军工作，我觉得过去赣东北的党是注意不够。对于创造铁的红军任务的重要性，还有认识不够的地方。因而党的力量分配，红军方面之比重，是嫌轻了一点，与中央对于红军干部的提选和分配比较起来，可以说我们没有照着中央一样做的。举例来说，红军第五分校，是赣东北创造红军干部唯一的机关，而省委负责同志，简直没有人去担任功课，就是每星期日，也没有人去讲演。这种忽视培养红军干部的错误，也是红军发展落后的一大原因。关于红军政治工作，我们过去做得不够。红七军因过去政治工作也做得很不好，特别是政治工作人员与战斗员有时有隔膜，并且有时态度不亲爱和缺乏耐性，因此，在皖南行动时，我曾向刘英[2]和乐少华[3]同志建议，要严格检查自己政治工作方法优点和缺点，积极发扬其优点，改正其缺点。特别在白区长期作战过程中，战斗员疲乏与个别的悲观失望是不可避免的，必须有刻苦的耐劳的政治工作，以提高其勇气及胜利信心（但须注意对形势严重性的估计不足)。坚决反对没有时间进行工作的观点，要有废餐忘寝的工作精神去做。这次在皖南行动，我们固不能说是不疲劳，然而领导者(是由我负责)没有及时打击“没有时间进行工作”的观点。我与全军军政人员大家缺乏拼死命的工作精神，去利用行军休息一分一刻钟时间进行政治工作，加紧战斗员的教育和鼓动，甚至有一个时期，军中党的工作陷于停顿状态，这是多么严重的一个错误呵！此外赣东北的谍报工作，始终没有很好地建立起来。这对于红军的胜利，可说是极大的损失！同志们！过去我们若能有很好的谍报工作，我红军要打多少伟大胜利的仗呵！只要想起敌人第九师百余只运械船之未被全截到(那次运械船，若截到则红军发展将有另一种形势)与去年五五、五六、浙保卫师未予以及时出击，至今尚甚痛心。所以我希望同志们：

一、以后要分配最好的力量去作红军工作；在国内战争中，党的中心任务是组织锻炼铁的红军，取得战争胜利！

二、对红军干部的培养，党要十分用力！

三、所有党员，特别是领导干部，要加紧学习军事知识，学习战略战术，同时要大胆地到前线领导战争，绝对不能让一个领导者成为一个军事的门外汉。

四、各地党部（只要领导红军的）都要设法购置或收缴无线电机，用极大力量打入敌人的机关中侦察消息，建立健全的谍报工作。

（三）赣东北群众工作，我认为在各苏区中不是落后的，而且有许多地方可为模范，可为其他苏区取效的。即此次主力红军西征，江西福建苏区的群众，就不及赣东北群众斗争的坚持；赣东北群众革命的忠诚，对革命领导同志的爱护与在斗争中的刻苦和顽强，都是值得赞美的。这次敌人对我谈话，认为赣东北群众“匪化”（?）太深与受共党的麻醉太大，无法收拾。这并不是赣东北群众有什么特殊性，主要的是由于党的群众工作之深入和刻苦。这种群众工作作风，应予以不断的发扬和发展。我希望同志们更加深入群众，与群众打成一片，十分艰苦耐劳地教育群众，坚决地站在群众前面，领导群众斗争！

（四）赣东北肃反工作，固然获得了胜利，但其中严重的错误，却也不少。在一九三二年的肃反斗争中，很明显的我们是犯了“肃反中心论，肃反扩大论的简单化”的错误。同时，是当时我们未免过分赞扬自己的成绩，不愿意也不敢去检查一下自己的错误，一直到去年，在赣东北党的文件上，还没有明白承认过去肃反中的错误。当时若有附带的责备到一些，我坚决地向同志们说，在这几年的肃反运动中，特别在一九三二年，我们确实是错处分了一部分人，错捉了一部分人。赣东北有没有反隐藏反革命分子呢？无疑义是有的，但没有那么多。有没有反革命的组织呢？无疑义是有的，但没有那么庞大。这是因为党和苏维埃的政治力量和威信与工农群众的觉悟和组织，都要寒反革命派之胆，而阻止和阻碍其发展（如弋阳反革命之组织只发展了三人），没有党、团或苏维埃中下级干部，会轻易加入反革命组织的。因为我们保卫局工作之不十分健全，真的反革命派，确有些漏网（如闽北）；同时，有一部分革命同志，确有过无辜受祸的。我屡次向同志们说，过去肃反工作有错误，致有同志疑我对肃反不坚决或缺乏阶级警觉性。实际上，我痛恨反革命派极为深刻。同时，我时常和我共同工作的同志们注意肃反，就在今天，我们不能丝毫放松肃反工作，而且要依着形势的发展而更加紧肃反工作，反革命是要采取最严厉最断然的手段的；我们反对的，只是过分夸大反革命的力量，蔑视党和苏维埃政治力量和威信，对同志之不信任和多怀疑，易下判断以及不去努力收集确证；这些都是要不得的。肃反的错误，会造成群众间的恐慌与干部的消极和不安。同时也在不自觉的损失了工作干部，我想我们在这方面无形损失，也是不小的。错放一个反革命分子与错处分一个革命同志，其损害党和革命利益是同样的。

（五）赣东北白军士兵运动的成绩是极端不够的。红军胜利不够，固然影响到兵运成绩，但主要的，还是过低估计了白军士兵革命的积极性，与过分估计白军组织中的白色恐怖，结果只能在外面宣传，而很少派得力同志到内部活动。实际上，以我这次的经验来说，白军士兵生活之痛苦，是已到极点。因“刮”民党的财政破产，对士兵的薪饷一再扣减。例如军法处看守所的卫兵，是江西保安队第二团之一连士兵，每天要站八小时的岗，一个月连伙食房子只得两元大洋，每站一小时的岗，只得两个半铜元，南昌生活程度如是之高，这一月两元，到底拿来买鞋还是买香烟?！所以士兵都心怀不满，口出怨言，开小差的，差不多天天都有。在前线作战的军队生活更苦，尤其是在作战外，还要修路造碉堡，这里面只要有人打进去稍作活动，就可以激成兵变和起义。可惜我们竟无人打入，坐令士兵们的不满，只能向着开小差的一条路上走。再则白军士兵亦极易接近。如我虽是一个重囚，找他们谈话时，他们都很和蔼可亲的来和我谈，自生活问题谈到革命问题。他们之中很多被红军俘虏过，到过苏区，都众口同辞地说，苏区好，红军好，很容易结成朋友。我向同志们建议：

一、要训练一批得力同志到白军内当兵，从内部进行活动最为有力。到白军区当兵的同志，一定要经过充分的训练。

二、组织白军驻地能接近白军的群众，使其进行兵运。例如筑有碉堡的地方，只要有可靠群众，其守兵是不难运动的。只要运动守兵使其哗变，才能粉碎敌人碉堡政策，以恢复苏区。

三、对于白军俘虏以后，还要十分优待，加紧教育他们，并与他们发生一种友谊的或带封建性组织的关系，使他们出来不致忘掉苏区。这次我们更感觉到优待俘虏工作之极端重要性。

四、拖枪来归者须给钱，并加以训练，除留用外，须派出来进行兵运，此项工作做得好，兵运极易收效。总之，要严格与不做兵运工作或以兵运工作做不出什么成绩的观点做斗争。同时对于俘虏兵须大胆留用，不要怕惧，只要政治工作做得好与待遇适当，俘虏兵决不致有损害于红军。要打破过去对俘虏兵机会主义过低的估计与畏怕心！

（六）怕做城市工作与城市工作之无成绩，恐怕是赣东北党最显著的弱点了。有些同志对于城市的白色恐怖过分估计，好像敌人千耳千眼，不但不能活动，且不可一日居住，这完全是错误的。只要这个同志有相当城市生活的经验，找到适当的职业以为掩护，有相当够用的经费，加上同志的刻苦工作和注意秘密工作的技术，城市工作的成绩是可预期获得的。无论工人运动，农民运动，士兵运动，学生运动都可以做出成绩来。现在到处人心惶惶，除一部分特别反动的地主资本家和法西斯匪徒外，谁会留恋于万恶的"刮"民党统治，谁不心怀愤恨和激怒，不过因无人领导，表面上是归于沉寂而已。我希望同志们火速训练一批城市工作人员出来。选择一部分斗争较久，有工作能力的干部，给予充分训练，派去城市工作，并经常予以指导和检查，必能获效。严格与忽视城市工作的倾向作斗争！

（七）训练干部的工作，是更加重要。过去赣东北所办的党校，成绩较小，主要原因，我认为由于理论与实际之不相联系的教授方法，有很多缺点；而校中负责人，又多是兼职，不能专心于校中的教育工作。教员钟点到了上课，下课就走了。对于校内的思想斗争，理论和实际工作的讨论，少有得力同志去参加指导。我提议：

一、在目前环境之下，想安稳办党校是不可能，只能开少数人短期训练班或各种会议进行教育工作。将目前发生各种实际问题拿来与党的理论、党的决议联系起来说明和解释，这样来提高同志的能力。

二、多注意日常实际问题的解决方法，应多解释和指导，以增长他们工作能力及斗争经验。

三、更加广泛地开展党内思想斗争和政治教育，积极提高党内同志政治理论的水平线。

四、我诚恳地盼望同志十分努力训练出一千个新的工农干部，以填补我们这次失利的损失。

（八）在敌人造碉堡推进苏区环境之下，又加我们这次失利的环境影响，斗争条件将更加艰苦，不亚于一九二八——一九二九年时候。但我坚决相信，久经战斗的你们，以及在你们领导之下的各地同志，定能胜任这艰苦战斗任务的，并能在百折不挠的战斗中，终于要战胜敌人的！我希望同志们在这革命大转变的关键，大家都要咬紧牙关，不怕困难，不怕危险，不怕劳苦，发扬布尔塞〈什〉维克最高的积极性、顽强性、坚持性，务要完全消灭敌人，为被日寇和法西斯“刮”民党屠杀的同志们复仇，为争得全中国人民的民族解放和社会解放而奋斗。

同志们！亲爱的同志们！我是不能再与你们共同奋斗了，我是如何的惭愧着和难过呵！我上面所说的意见，都是我最近感触到，当然里面免不了有错误。说错了请你们批评，说对了的，请你们执行。我们虽囚狱中，但我们的脑中，仍是不断的思念着同志们的奋斗精神，总祈祷着你们的胜利和成功！我直到现在，革命热诚仍和从前一样。我正在进行越狱的活动。我想，我若能越狱出来，我将用我最高的努力去创造新的苏区和红新军，以恢复这次损失！同志们！越狱恐难（主要的是无外援），那时只有慷慨的就死了！我不能完成的工作责任，只有加重到同志们的肩头上了！同志们！十分亲爱的同志们！永别了！请你们努力吧！我这次最感痛苦的，就是失却了为党努力的机会。你们要认识，你们能够为党工作，为党斗争，那是十分宝贵的。我与刘、王、曹[4]同志等都是敌人刀口下的人了，是再也想不到为党拼命工作的机会了。这是无可奈何的！我能丢弃一切，唯革命事业，却耿耿于怀，不能丢却！同志们：十分亲爱的同志们！请你们经常记起你们多年一起奋斗的战友们之惨死，提起奋勇的精神，将死敌的日本帝国主义赶快赶走吧，将万恶的国民党统治赶快推翻吧！谨向你们及你们领导下的红军和工农群众致热烈的革命敬礼！！

是你们诚挚的战友

于一九三五年四月二十日写成

六月十九日密写

* 书信摘自江西人民出版社1991年版《江西革命烈士书信选》，是方志敏同志写给党中央的信。方志敏同志经过艰苦工作，使在监狱工作的某夫妇同情革命，这封信及《可爱的中国》《清贫》等文稿，都是由该夫妇转出，最后辗转送交党中央的。

1. 即曾洪易，全面推行王明“左”倾教条主义，1935年初叛变投敌。
2. 刘英，时任红十军团政治部主任。
3. 乐少华，时任红十军团政治委员。
4. 刘、王、曹即刘畴西、王如痴、曹仰山。王如痴，1934年10月参加红军北上抗日先遣队，任十九师参谋长，1935年1月被俘，同年被杀害。曹仰山，任红十军参谋长，红军学校第五分校总教育长，1934年10月参加红军北上抗日先遣队，1935年在怀玉山负伤被俘，同年被杀害。

【书信·解读】

方志敏自1935年1月24日被捕，到8月6日就义，在狱中共七个月。开始，他只求速死，但国民党想以高官厚禄诱降他，于是他便改变主意，尽量拖延时间，做两件事：一是争取越狱；二是以笔代枪，写文章。

1935年4月20日，方志敏写就《致全体同志》，这是写给赣东北、闽北、皖赣、皖南各负责同志并转全体同志的信。信中写出了他入狱后殚精竭虑的思考，总结出八点闽浙赣苏区斗争的经验教训。其中，他希望同志们“以后要分配最好的力量去作红军工作；在国内战争中，党的中心任务是组织锻炼铁的红军，取得战争胜利”；他指出

1935年2月，敌人将方志敏押至南昌豫章公园“示众”

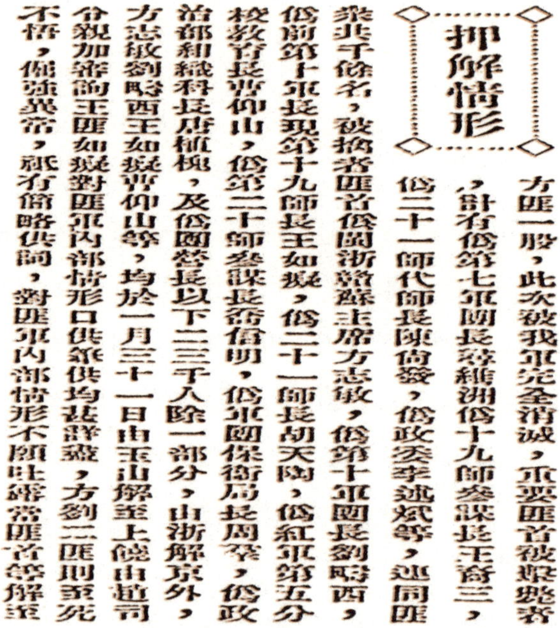

押解情形

方匪一股，此次被我軍完全消滅，重要匪首被擒獲者，計有僞第七軍團長尋淮洲僞十九師參謀長王裔三，僞二十一師代師長陳偉發，僞政委李述斌等，連同匪衆共千餘名，被擒著匪首僞閩浙贛蘇主席方志敏，僞第十軍團長劉疇西，僞前第十軍長現第十九師長王如擬，僞二十一師長胡天陶，僞紅軍第五分校教育長曹仰山，僞第二十師參謀長喬信明，僞軍團保衛局長周群，僞政治部組織科長唐柏槐，及僞團營長以下二三千人，除一部分，由浙解京外，方志敏劉疇西王如擬曹仰山等，均於一月三十一日由玉山解至上饒由趙司令親加審訊王匪如擬對匪軍內部情形口供筆供均甚詳盡，方劉二匪則至死不悟，倔強異常，祇有簡略供詞，對匪軍內部情形不願吐露當匪首等解送

1935年2月3日《中央日报》关于方志敏被俘的消息

“肃反”工作存在“肃反中心论”“扩大论”“简单化”的严重错误；他说培训干部要克服“理论与实践之不相联系”，要把实际问题与党的理论联系起来，“十分努力训练出一千个新的工农干部，以填补我们这次失利的损失”。这些经验教训的总结有些是十分深刻的，对于红军日后的发展具有重要的意义。同时，该文也是中国共产党人全面总结第五次反“围剿”经验教训的重要文献，也为学术界研究这段历史提供了重要史料。

为什么方志敏在这时要写这样一封信？从方志敏诸多的书信里，可以捕捉到他入狱后的心迹变化。实际上，方志敏对于自己被俘一直觉得非常遗憾。在这封信里，他说：“我这次最感痛苦的，就是失却了为党努力的机会”，“我能丢弃一切，惟革命事业，却耿耿于怀，不能丢却。”遗憾之情溢于言表，一方面是自己的错误导致了被俘，另一方面是无法再为革命继续奋斗。在越狱成功的机会比较渺茫时，总结红军的失误，成了弥补这种遗憾最好的方式，这也是方志敏当时能为革命作出的最大贡献了。可以说，方志敏一生对革命矢志不渝，直至献出生命。他的人生追求反映了中国共产党人在革命斗争实践中对国家前途、民族命运的艰辛探索和对社会理想、人生价值的深层思考，是历史留给我们的宝贵精神财富。

【长征·故事】方志敏兵败被俘　只有一位开国大将成功突围

为宣传中国共产党的抗日主张，反击国民党“红军捣乱抗日后方”的诬陷，调动和牵制国民党军队，缓解中央苏区反“围剿”的压力，1934年6月，红七军团改编为中国工农红军北上抗日先遣队。11月4日，红七军团与红十军合编为红军第十军团。红七军团改编为第十九师，红十军改编为第二十师。根据中革军委的决定：闽浙赣省苏维埃主席方志敏兼任闽浙赣军区司令员，粟裕任军区参谋长，后改任红十军团参谋长。

1935年1月10日，红十军团日夜兼程，开始了返回闽浙赣苏区的军事行动。为了阻挠红军的行动，蒋介石集中了近20万兵力，妄图一举扑灭红十军团。在这种形势下，方志敏、粟裕率领红十军团先头部队，于15日进至靠近闽浙赣苏区的港头一带地区。16日，军团领导决定，先头部队立即突破敌封锁线，进入闽浙赣苏区。鉴于主力部队仍在后面，方志敏决定自己留下来随军团主力行动，命粟裕率先头部队先行转移。当晚，粟裕等率先头部队顺利突破国民党军的封锁线，到达闽浙赣苏区的大坪、小坪、黄石田地区，等待军团主力。在红十军团先头部队突围期间，国民党部队加紧了对红十军团主力的封锁和包围，并组成多路“搜剿”队，纵横穿插于包围圈内，将红十军团主力分割成数段。红军广大指战员不畏强敌，浴血奋战，不断杀伤敌人，但终因众寡悬殊、弹尽粮绝，只有少数人员突出重围，至1月下旬大部分壮烈牺牲，方志敏在怀玉山东麓陇首村被捕。粟裕率领先头部队400多人突围出来后，无时无刻不在挂念方志敏和大部队，但一个星期以后，等来的却是方志敏被捕的消息。

粟裕根据中共苏区中央分局和中央军区的指示，立即率领突围回到闽浙赣苏区的红十军团先头部队，同红三十师一个团组成挺进师，粟裕任师长，刘英任政治委员，于2月27日由上饶灵山地区出发，向闽浙边地区转移，开展游击战争，创建根据地。经过认真分析研究，粟裕、刘英选中了浙西南的仙霞岭地区。那里层峦叠嶂，林深路曲，既便于隐蔽，也便于机动。蒋介石得知挺进师进入浙江后，纠集32个正规团、8个保安团共7万多人的兵力进行“围剿”。粟裕灵活机动的战略战术，弄得敌人晕头转向。尽管敌人兵力是我红军游击队的几十倍，却无法将我军消灭，而我军则抓住战机，一

红军挺进师指战员

次又一次地打击敌人。挺进师镇压了一批罪大恶极的贪官污吏和土豪劣绅，建立各种群众组织，发展红军游击队和地方武装。仅仅四个半月时间，队伍发展到近千人，扩编为五个纵队和两个独立支队，游击根据地扩至江山、浦城、龙泉、遂昌、松阳等五个县。

粟裕带领部队转战闽浙边，甚至对汤恩伯的老家武义、陈诚的老家青田、蒋介石的老家奉化也不断"光顾"，使蒋介石极为头疼，曾悬赏万元，捉拿"金米""苏群""余良"等"共匪"首领，其实这些名字都是粟裕一个人的化名。到1936年12月，挺进师在浙南地区再次发展到一千五六百人，活动范围扩大到三十几个县境。1936年底到1937年春，国民党闽浙赣皖四省边区主任刘建绪，调集主力部队和地方保安团共计43个团的兵力"围剿"挺进师，却始终无法扑灭这股革命力量。

据2016年4月18日《人民政协报》刊《粟裕打游击》一文整理

致某夫妇

（一九三五年五月）

方志敏

致某夫妇：

目前在国际以及在中国，都在进行共产主义与法西〈斯〉主义的决死斗争。历史将会决定这种斗争的前途——共产主义胜利，法西〈斯〉主义归于消灭！

在这两种主义决斗面前，人们都应当睁开眼睛看清楚点，选定自己的立足点。还是站在共产主义方面，暂时受着统治阶级的迫害，而最后的胜利；或是站在法西〈斯〉主义方面，暂时似乎安稳，不久就被工农的铁拳击毁?！必须站在哪一方面，走中间路，是很少可能的。照着历史发展的趋势与对于真理的追求，凡是一切有良心，有远识，有勇气，不甘落后于时代的人们，应该决定的站在共产主义方面来反对法西〈斯〉主义！参加革命来反对革命！

中国国民党，已成了中国一切灾祸之根源！里面没有别的什么，尽是一伙强盗，一伙卖国贼，一伙屠杀工农群众的刽子手！国民党不灭，中国就要灭！帮助国民党的就是罪恶；破坏国民党的，就是正义！只有苏维埃才能救中国，这是已经十分明显的真理。红军是打倒帝国主义解放民族的唯一武装，是中国的命根子，这全是事实！用自己所有的力量，从各方面来帮助苏维埃和红军，推毁国民党的统治，这是我们的责任，也是我们应该见义勇为的行动！

我自落难以来，承你们友谊的帮助，实为感激。故我在临刑前，写这封信给你们，表现我对你们的希望：

一、对于共产主义和苏联的书籍，应多多的而且用力的去研究一番，一切非驴非马的东西，可丢去不看。在理论的政治的认识上，站稳着脚步，才不至于随时为某些现象或谣言而动摇自己的革命信仰！

二、站在党的同情者地位，在党外利用你们和各方面的关系与自己所有的力量，去不断地作出许多有力的帮助党、苏维埃和红军，以及捶碎、破坏国民党统治的工作和活动！

三、你们生活要尽量朴素化，不要奢侈，不慕虚荣。从自己的节俭与从旁人的筹划中，支出一批款子，来帮助中国革命运动的经费。

四、这并不是说你们从此就该暴露自己的政治面目了，相反的，言语行动，更应慎重，以掩护自己的活动，而达到成功。但是，切不可听到一二个懦夫的劝阻与黑暗的朋友的威吓，自己就软弱下来，放弃应有的努力，特别在那稍纵即逝的紧急关头！

五、希望你们在我死后做到允许我的诺言，切不可因为困难或虚惊而抛弃信约！

我绝不是要引导你们上危险的[redacted][1]，而是要引导一对有革命信仰和热诚的人们，从反革命营垒，跳入革命的营垒；从罪恶跳入正义；从黑暗跳入光明！

愿你们亲爱地生活并合作地努力！

云　母文

一九三五年五月

老爷太太，是最可羞辱的名字，现在你们虽不能拒绝这个名字，但不可保存这个思想！

---

* 书信摘自江西人民出版社1991年版《江西革命烈士书信选》，原信无收信人姓名。

1. 原信此处缺三个字。

【书信·解读】

1935年4月底，方志敏从监狱的普通号被转囚到“优待号”。方志敏对“优待号”作过这样的描述：“骤然跑进这间房来，若不是看到那只刺目的很不雅观的白方木箱，以及坐在桌边那个钉着铁镣一望而知为囚人的祥松（方志敏在文中的化名），或者你会认为这不是一间囚室，而是一间书室了。”国民党当局因为他是一个重要的政治犯，官厅为着要迅速改变他原来的主义信仰，才将他从普通号搬到“优待号”来，这在客观上给方志敏继续撰写狱中文稿提供了便利，方志敏把囚室当成了书室。

1935年5月，方志敏写成《致某夫妇》。这封不便署收信人姓名的信，写的是革命和做人的道理，鼓励他们站在党的同情者的位置，利用各方面的关系做帮助党和红军

方志敏狱中部分文稿

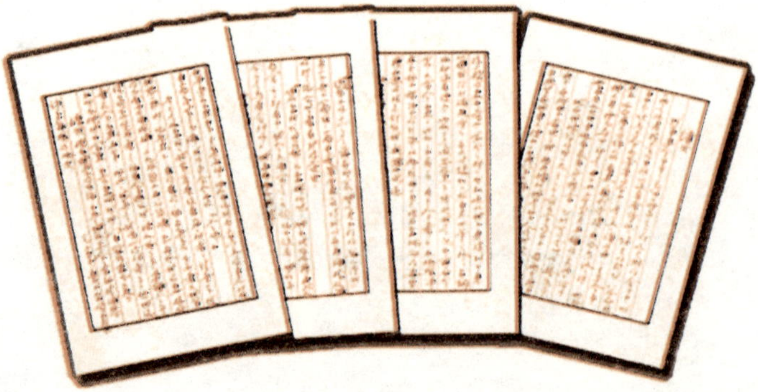

的工作，引导他们“从反革命营垒，跳入革命的营垒；从罪恶跳入正义；从黑暗跳入光明”，还“希望你们在我死后做到允许我的诺言，切不可因为困难或虚惊而抛弃信约”。从信中内容可以看出，“某夫妇”就是胡逸民和他的夫人向影心，他们是方志敏在狱中唯一结识的一对夫妇。胡逸民的回忆中曾提到，“我介绍夫人与方志敏认识”，并且由向影心为方志敏送出去“第一封信”。5月上旬方志敏与胡逸民接触渐多，以至成为狱中挚友。胡逸民又名胡罟人，浙江永康人，早年参加过同盟会，追随孙中山革命，官至中央政府监狱典狱长，因官场倾轧，被蒋介石囚禁在南昌军法处看守所的“优待号”。鉴于胡的特殊背景，狱方对其监管宽松，行动自由。胡初闻共产党的“三省主席”被捕入狱，出于好奇，由其同乡看守所所长凌凤梧陪同，到普通号去探望方志敏。初次见面，方志敏试探性地向他借书，胡逸民一口答应。先借来一本《现代百科文选》，从此有了交往。方志敏的“优待号”，与胡逸民的囚室对门。胡逸民与囚禁在另一“优待号”的国民党航空署原署长徐某都被当局授意劝说方志敏自首。徐某是真“劝降”，多次遭到方志敏的斥责。而胡逸民以“劝降”为由，公开与方志敏交往，他把这些背景都告诉了方志敏。方志敏撰写狱中文稿，为避人耳目往往在夜深人静，或在被“争取”的卫兵当班时，但极少回避胡逸民，甚至《可爱的中国》《清贫》及至部分日记都让胡逸民看。方志敏原来担心写下的文稿送不出去，落到国民党当局手中，胡

我从事革命斗争，已经十余年了。在这长期的奋斗中，我一向是过着朴素的生活，从没有奢侈过。经手的款项，总在数百万元；但为革命而筹集的金钱，是一点一滴的用之于革命事业。这在国民党的伟人们看来，颇似奇迹，或认为夸张；而矜持不苟，舍己为公，却是每个共产党员具备的美德。

——摘自方志敏《清贫》

逸民表示“这件事我可以替你出力”。方志敏得到这个承诺，坚定了写下去的决心。

从这封信可以看出，方志敏为了革命事业，真可谓是殚精竭虑，原来谋划的越狱计划，希望愈来愈渺小，眼见每天都有一批批的战友被拉出去枪毙，他由孤军更又变成了孤身。他只好一人背水作战，去做狱吏和高级囚犯中国民党人的工作，居然小有成功，虽不能越狱，但这些人帮他传送出了珍贵的手稿。

【长征·故事】方志敏的狱中文稿是如何密写的

1934年10月，时任红十军团军政委员会主席的方志敏率部北上。在国民党军队重兵围追堵截之下，北上部队终因寡不敌众而失利，方志敏不幸被俘。他并没有因身陷囹圄而停止战斗，在短短六个多月中，以惊人的毅力和顽强的意志，克服种种困难和疾病折磨，写下了《我从事革命斗争的略述》《可爱的中国》《清贫》等重要文稿和信件13万字。为了保险起见，方志敏还密写了部分文稿，比如，在《我们临死以前的话》的文末，作者注明：一九三五年三月二十五日写完，六月二十九日密写于南昌军法处囚室。在《致全体同志》的文末，作者注明：一九三五年四月二十日写完，六月十九日密写。除了密写文稿外，方志敏《给中央的信》也是密写的。因为是密写，上海党组织收到文稿，就必须先显影再誊写。时任中共地下党上海特科临时负责人的王世英回忆道："1935年下旬毕云程转来一批文稿均系密写件。我组织显影后，才知真是方志敏的狱中文稿，随即将文稿抄件转到莫斯科共产国际东方部；同时由毕云程将给鲁迅的信和文稿抄件转交给鲁迅先生，原件存上海特科。"在当时的条件下，方志敏如何得到"密写药水"的，又是怎样密写的呢？毕云程是中共地下工作者，曾经显影过方志敏密写的信件。据毕云程回忆：1935年下半年，有一位"很年轻的姑娘"到生活书店来找他，面交了方志敏在江西监狱中写的四封信。"在胡愈之同志家里，用碘酒洗了这四封信，内容是一样的，就是说，托我们把这部书稿想法交到党中央为他出版。"同样收到方志敏密信的胡风回忆："鲁迅从内山书店接到一封信，打开一看是几张白纸，鲁迅弄不清是哪里寄来的，把白纸给我看，我不认识。我去找吴奚如同志，他说可以拿碘酒擦一下试试看。"胡风用碘酒擦后果然显出字来，"其中有一封方志敏同志给党中央的信，还有一封给鲁迅的信"。从用碘酒显影的方法来看，方志敏一定是用米汤密写的。因为米汤里面有淀粉，淀粉遇碘就会变成蓝色。用米汤密写是当时中共地下党常用的方法，而且在狱中，米汤并不难搞到。

据2015年7月2日《人民政协报》

给兄嫂的信（一）

（一九三五年二月十六日）

刘伯坚

刘伯坚

（1895—1935）

四川平昌人，被誉为“我党我军政治工作第一人”。早年曾就读于成都高等师范学堂，1920年赴欧洲勤工俭学，1921年与周恩来等发起组织中国少年共产党，1922年转为中国共产党党员，入莫斯科东方大学学习。回国后，应邀在冯玉祥部任国民军第二集团军总政治部副部长，后来再次被派往苏联学习军事，并出席了中共六大。到中央苏区后，任苏区工农红军学校政治部主任，参与领导宁都起义并任红五军团政治部主任，后任中革军委总政治部宣传部副部长。1934年10月，红军主力离开江西长征，刘伯坚留守苏区坚持斗争，任赣南军区政治部主任，为主力红军战略转移做了大量准备和牵制工作。主力部队西进后，国民党数十万军队将留在苏区的三万红军（半数系不能远征的伤病员）压缩到赣南一隅，中央分局书记项英在几个月后才接受陈毅的建议，下令分路突围，开展游击战，可惜为时已晚。1935年3月4日，这位早年曾留学苏联、在冯玉祥西北军中享有“军中骄子”之誉的红军高级指挥员，在率部突围时不幸负伤被捕，21日壮烈牺牲。

凤笙大嫂[1]并转五六诸兄嫂：

本月初在唐村写寄给你们的信，绝命词及给虎、豹、熊[2]诸幼儿的遗嘱，由大庾县[3]邮局寄出，不知已否收到？

弟不意现在尚留人间，被押在大庾粤军[4]第一军军部，以后结果怎样，尚不可知，弟准备牺牲，生是为中国，死是为中国，一切听之而已。

现有两事须要告诉你们，请注意！

一、你们接我前信后必然要悲恸失常，必然要想方法来营救我。这对于我都不须要，你们千万不要去找于先生[5]及邓宝珊[6]兄来营救我。于、邓同我个人的感情虽好，我在国外叔振[7]在沪时还承他们殷殷照顾，并关注我不要在革命中牺危险，但我为中国民族争生存，争解放，与他们走的道路不同。在沪晤面时邓对我表同情，于说我所做的事情太早，我为救中国而犯危险，遭损害，不须要找他们来营救我，帮助我，使他们为难。我自己甘心忍受，尤其须要把我这件小事秘密起来，不要在北方张扬，使马二先生[8]知道了，做些假仁假义来对付我。这对于我丝毫没有好处，而只是对我增加无限的侮辱，丧失革命者的人格。至要至嘱（知道的人多了就非常不好）。

二、熊儿生后一月，即寄养福建新泉芷溪黄荫胡家；豹儿今年寄养在往来瑞金、会昌、雩都、赣州这一条河的一只商船上，有一吉安人罗高廿余岁，裁缝出身，携带豹儿。船老板是瑞金武阳围的人，叫赖宏达，有五十多岁，撑了几十年的船，人很老实，赣州的商人多半认识他。他的老板娘叫郭贱姑，他的儿子叫赖连章（记不清楚了），媳妇叫做梁照娣。他们一家人很爱豹儿，故我寄交他们抚育。因我无钱，只给了几个月的生活费，你们今年以内派人去找着，还不[致]〈至〉于饿死。

我为中国革命没有一文钱的私产，把三个幼儿的养育都要累着诸兄嫂。我四川的家听说久已破产，又被抄没过，人口死亡殆尽，我已八年不通信了。为着中国民族就为不了家和个人，请兄嫂明达当能了解，不致说弟这一生穷苦，是没有用处。

诸儿受高小教育至十八岁后即入工厂［作］（做）工，非到有自给的能力不要结婚，到三十岁结婚亦不为迟，以免早生子女自累累人。

叔振仍在闽，已两月余不通信了。祝

诸兄嫂近好！

弟坚　三月十六日

于江西大庾

---

* 书信摘自江西人民出版社1991年版《江西革命烈士书信选》。

1. 刘伯坚爱人的兄嫂。
2. 均系刘伯坚之子。
3. 今江西大余县。
4. 国民党广东军阀部队。
5. 即于右任，国民党元老，长期担任国民党政府监察院院长职务，已在台湾故去。
6. 甘肃天水市人。1949年1月率部起义，曾任中国人民政协全国委员会委员，全国人民代表，国防委员会委员，中国国民党革命委员会副主席，甘肃省省长等职。1968年11月逝世，终年74岁。
7. 刘伯坚的妻子，早年参加革命，在闽西牺牲。
8. 即冯玉祥。

【书信·解读】

1934年10月，中共中央和中央红军主力撤离中央革命根据地，实行战略转移。时任红五军团政治部主任的刘伯坚，奉命随项英、陈毅一道留在中央苏区坚持敌后斗争，被派往赣南军区任政治部主任。尽管不能参加长征，生死未卜，但刘伯坚还是一如既往，精神抖擞地投入新的战斗。为了护送主力红军渡过于都河，刘伯坚日日夜夜在架桥工地指挥架桥和组织各种后勤工作。1962年8月1日，叶剑英曾赋诗《建军纪念日怀战烈》五首，其中第一首："红军抗日事长征，夜渡鄄都溅溅鸣。梁上伯坚来击筑，荆卿豪气渐离情。"这首诗，再现了当年于都河边刘伯坚叮咛相送的动人情景，也表达了叶帅对战友的深切怀念。主力红军撤离中央苏区后，国民党军队向各革命根据地腹地发动进攻。苏区斗争越来越艰苦，形势变得十分严峻。1935年2月，苏区中央分局、中央政府办事处和赣南省级机关、部队，在仁风山地区陷入重围，形势非常危急。项英、陈毅根据中央来电的指示，立即改变组织方式与斗争方式，实行分路突围。3月3日午后，赣南省党政军机关在红六军团的掩护下，离开仁风山区开始突围，向赣粤边油山游击根据地转移。部队刚出发，就遇上了倾盆大雨。队伍到达马岭附近时，已是3月4日凌晨3点多

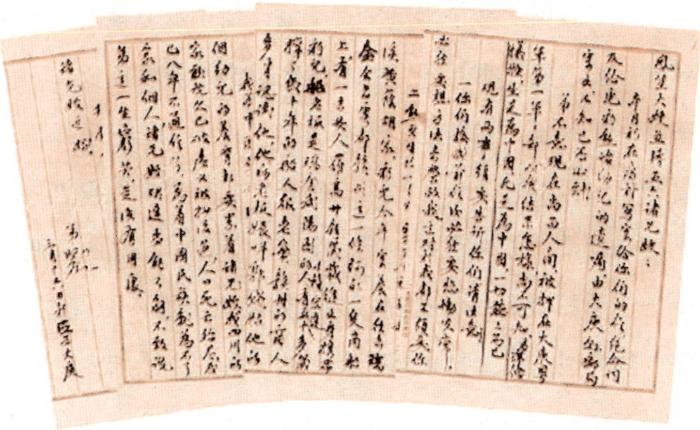

刘伯坚给亲属的遗书

钟。拂晓时分，突围战斗便打响了。在敌众我寡的紧要关头，突围的先头部队如龙似虎，猛打猛冲，迅速越过牛岭、马岭这两道关口。赣南省委书记阮啸仙和刘伯坚带领后续部队紧随其后，在越过牛岭时，却遭到了敌人的重兵包围。敌人蜂拥而上，将这支队伍拦腰切断，在激战中，阮啸仙壮烈牺牲，刘伯坚不幸负伤被俘。刘伯坚先被押在驻信丰的国民党广东军阀第一军第一师第一团团部，在拒绝劝降后于3月9日被解往粤军第一军军部大庾（今大余县），囚禁在大庾监狱。其间，曾转监至绥靖公署候审室遭审讯。

刘伯坚自知必死无疑，他至死都为自己是共产党人而自豪。在狱中，他连续写了几封感人肺腑的家书，谆谆嘱告亲人要继承他毕生为之奋斗的革命事业。从以后收集到的信息可以看出，从被捕到牺牲，刘伯坚共给亲人写了四封书信，这里选取了其中的三封。这第一封信是写给刘伯坚爱人王叔振的嫂子梁凤笙女士的，信中反复嘱咐兄嫂找到虎、豹、熊三个儿子，并对他们提出了殷切期望。刘伯坚共三个儿子，在前往中央苏区前，将大儿子虎生托付给妻子王叔振的嫂子，带回西安抚养。此后，虎生再也没有见过父母亲。熊生刚刚出生一个月，就被母亲送给闽西连城县芷溪村黄荫胡家抚养，豹生则被寄养在一只商船上。虎、豹、熊三兄弟自来到人世，便天各一方。因此，刘伯坚对三个儿子格外挂念，在信中反复提及。此外，在这封信里刘伯坚为了维护党的声誉，希望亲友们不要把他被捕的事告诉原西北军高级将领冯玉祥、邓宝珊以及国民党上层人士于右任等人，更不要找他们来营救，说自己与他们私人感情虽好，但走的是不同的道路，如果去求他们说情，便是“丧失革命的人格”。这集中反映了刘伯坚在原则问题上毫不妥协的性格和在任何情况下都以党和人民的利益为重的崇高品质。

【长征·故事】三兄弟重逢

我的父母是1927年3月成婚的。当时父亲在西北军，母亲是西安女子师范学校的学生。她经常出入西北军营地宣传国民革命，与父亲相识、相恋。母亲是个干练果敢的人，认定的事情绝不放弃。

父母一共生了虎、豹、熊三个儿子，可是没有一个儿子能长久留在身边。1930年，父亲和母亲一起奔赴江西革命根据地，为了工作和行动方便，不得不把两岁多的哥哥送给在西安的舅母。弟弟1931年出生，不满两个月就被送走。当时母亲想着有一天能重逢，特意和收养人订下“抱约”：“刘门王氏生下小儿名叫熊生，今送给黄家将其抚养成人，虽长大在黄家，承先启后，但木有本水有源，父母深恩不可忘记，仍要继续我等志愿，为革命效力，争取更大光荣，特留数语以作纪念。”母亲写下“承先启后”四个字，一撕为二，以便以后相认。我是三兄弟中在父亲身边留得最久的一个，1935年2月父亲被捕前被送走的。

父亲牺牲后，党中央开始寻找烈士遗孤。哥哥是最早被找到的。西安事变后，周恩来赴西安参加谈判，他听说刘家有一个儿子寄养在西安舅母家，立刻派人寻找。凤笙舅母拿出了悄悄藏着的父亲的三封遗书。哥哥拿着遗书，带着周叔叔的亲笔信，一路跋涉到了延安。在我之后，1953年，留在闽西的弟弟熊生也找到了。当时我还在上小学，他已经高中毕业了。弟弟给我写了一封长信，还寄来一张他的照片。

直到1979年，我们三兄弟才第一次见面。弟弟拿出那半张永远无法拼完整的“承先启后”，年近半百的三兄弟抱头痛哭。

父亲的遗书中有这么一段话：“我为中国革命没有一文钱的私产，把三个幼儿的养育都要累着诸兄嫂。我四川的家听说久已破产，又被抄没过，人口死亡殆尽，我已八年不通信了。为着中国民族就为不了家和个人，诸兄嫂明达当能了解，不致说弟这一生穷苦，是没有用处。”

有时候，我使劲回想，依稀还记得我被送走的那一晚，腿部受伤的父亲拄着拐杖，在漆黑的山间小路上送我的情景。四五岁的我哭着，不肯跟着郭婆婆走。记得当时我大声喊着：爸爸你好恶呢，怎么不要我了，不要把我送给老百姓！爸爸……

那一晚到现在，70 多年过去了，我也当上了父亲、祖父。再读当年父亲写给凤笙舅母的信，每一封信都询问寄养在她家的虎生哥哥的外貌，每封信都仔细形容收养我和弟弟的人家的姓名、地址和特征。我开始读懂了父亲的心。

据2011年6月8日《新民晚报》，刘豹口述，任湘怡整理

给兄嫂的信（二）

（一九三五年三月二十日）

刘伯坚

凤笙大嫂并转五六诸兄嫂：

弟于三月四日在江西信丰县唐村被粤军俘虏，押解大庾粤军第一军部，三月廿二日〈要〉在大庾［被］牺牲了。

弟在唐村被俘时，就决定一死以殉主义，并为中国民〈族〉解放流血，曾有遗嘱及绝命词寄给你们，不知收到没有？

弟为中国革命牺牲毫无遗恨，不久的将来，中国民族必能得到解放，弟的鲜血不是空流了的。

虎、豹、熊三幼儿将来的教养，完〈全〉赖诸兄嫂。豹儿在江西，今年阳历二月间寄养到江西瑞金武阳围的船户，赖宏达（四五十岁）老板。他的船经常往来于瑞金、会昌、雩都、赣州之间。他的老板娘名叫郭贱姑，媳妇名叫梁照娣，儿子三十岁左右，名叫赖连章（记不清楚了）。另有吉安人罗高，二十四五岁，随行，是个裁缝。罗高很忠实很爱豹儿，他无论如何都同豹儿一起。你们在今年内可派人去找，伙食费只能维持四五个月。

熊儿生后一月即寄养福建连城属之新泉区芷溪乡黄荫胡家中，黄业中药铺，其弟已为革命牺牲，弟媳名满菊，抚养熊儿，称熊儿为子，爱如己出，因她无子。

熊豹两儿均请设法收回教养。

诸幼儿在十八岁前可受学校教育，十八岁后即入工厂作为工人。他们结婚更不要早，迟至三十岁左右再结婚亦不为迟，以免早婚多儿女累，不能成就事业。

最重要的，诸儿要继续我的志向，为中国民族的解放努力流血，继续我未完成的光荣事业。

这封信须要给叔振同志一阅，她可能已到

沪了。

此致

最后的亲爱的敬礼

弟　刘伯坚

三月廿日于大庾

我已要求粤军枪毙我后葬我在大庾梅关附近。

【书信·解读】

自中央红军战略转移后，坚守苏区变得愈发艰难，在国民党的围堵下，交通和书信往来都变得十分艰难。刘伯坚3月16日写给兄嫂的信，并没有收到任何回音。因此，在牺牲前，刘伯坚再次致信梁凤笙女士。信中说，“三月廿二日（要）在大庾［被］牺牲了”，实际上刘伯坚烈士牺牲的时间是3月21日。这封信一方面表明自己为了革命决定一死的心志，另一方面则把自己三个儿子的教养托付给了兄嫂。信中谆谆嘱告自己的孩子要继续他毕生为之奋斗的革命事业，充分表达了一个共产党人坚定的革命信仰和催人泪下的家国情怀。刘伯坚的绝笔信几经辗转，在他牺牲许久后终于转到梁凤笙女士的手中。梁凤笙强忍悲痛，把烈士的遗书珍藏起来，并于西安事变期间交给了周恩来，而刘伯坚烈士的儿子也得到了党组织的精心照顾，长大成才。“无情未必真豪杰，怜子如何不丈夫！”刘伯坚在生命的最后一刻，仍以一个既是赤诚的无产阶级革命者，又是为人之父、为人之夫的情怀，挂记着这三个未成年的幼儿和自己深爱的妻子，读起来不禁让人怆然。

中国近代革命史是一部血与火的历史。在中国共产党的领导下，中国革命走过了一个光辉伟大的历程。无数仁人志士为了党的革命事业血染征袍、英勇牺牲，无数革命先烈大义凛然、威武不屈，在敌人的屠刀下写下自己生命乐章中最感人的一页。为推翻三座大山，争得民族的独立与人民解放，面对生与死的考验，他们以共产党人气贯长虹、坚似钢铁的英勇气概，使敌人闻风丧胆；他们抛头颅、洒热血，甘愿以自己的宝贵生命换取祖国光明的未来；他们离妻别子，忍痛割弃家庭的天伦之乐，义无反顾地投身于大众解放事业。在生命的最后日子里，先烈们以其崇高的精神境界，给亲人们写下了足以感天地、泣鬼神的遗书、遗诗，发出了自己生命的最后闪光。这些遗篇虽是写给他们亲人的，但后人却能从中获得极大的教益，尤其是对于当前进行爱国主义教育、革命传统教育和精神文明建设，无疑具有重大的意义。

【长征·故事】带镣长街行

中央红军长征后，刘伯坚奉命留下坚持根据地的斗争。蒋介石调集十几万大军包围了中央革命根据地。1934年11月，宁都、瑞金、于都、会昌先后失守。1935年初，刘伯坚与赣南省委书记阮啸仙、省军区司令员蔡会文、少共书记陈丕显等，率领省委、省苏、军区独立六团以及剧社、报社的工作人员2000余人，开始向油山突围。3月4日，刘伯坚在塘村附近指挥部队突出重围时，左腿中弹不幸被国民党俘虏。

当时国民党政府曾悬赏5万银元“通缉”刘伯坚。刘伯坚被俘虏后，马上被国民党认出。新中国成立后缴获的国民党档案中有当时的审讯记录，敌人问：“你们共产党有办法，为什么现在一败涂地？”刘伯坚回答：“胜败乃兵家常事。古人说，野火烧不尽，春风吹又生。只要革命火种不熄，燎原之火必将漫天燃起。”

刘伯坚曾被押往大庾县游街示众，他昂首挺胸，不断向街道两旁的老百姓微笑点头。当天晚上，他在狱中写了一首《带镣行》：“带镣长街行，蹒跚复蹒跚，市人

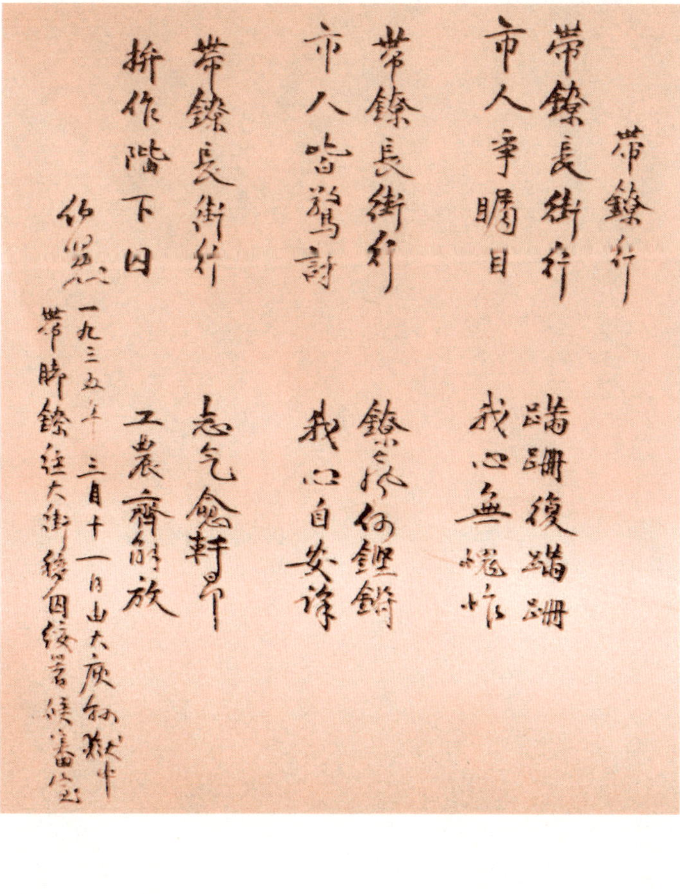

帶鐐行

帶鐐長街行 蹣跚復蹣跚
市人爭矚目 我心無慚怍
帶鐐長街行 鐐聲何鏗鏘
市人皆驚訝 我心自安詳
帶鐐長街行 志氣愈軒昂
拚作階下囚 工農齊解放

伯堅

一九三五年三月十一日[illegible]
帶腳鐐往大街[illegible]

革命烈士刘伯坚在英勇就义前写下的诗词

争瞩目，我心无愧怍。带镣长街行，镣声何铿锵，市人皆惊讶，我心自安详。带镣长街行，志气愈轩昂，拼作阶下囚，工农齐解放。”这首诗后来被收入音乐舞蹈史诗《东方红》，而且这首诗与夏明翰烈士的壮丽诗篇《只要主义真》合璧为一，被谱写成《就义歌》广为传唱。

据2011年6月8日《新民晚报》刊《我的父亲》（刘豹）一文整理

致妻子叔振

（一九三五年三月二十一日）

刘伯坚

叔振同志：

我的绝命书及遗嘱你必能见着，我直寄陕西凤笙大嫂及五六诸兄嫂。

你不要伤心，望你无论如何，要为中国革命努力，不要脱离革命战线，并要用尽一切的力量教养虎豹熊三幼儿成人，继续我的光〈荣〉革命的事业。

我葬在大余梅关附近。

十二时快到了，就要上杀场，不能再写了，致以最后的革命的敬礼！

刘伯坚

三月廿日于大庾

【书信·解读】

刘伯坚最后一封信是写给他的爱人王叔振的。经过十数日黑暗的牢狱生活，刘伯坚把写信当天的日子误记为3月20日，实际上应该是3月21日。王叔振（1906—1935），陕西三原人。1920年入西安女子师范学校学习。1927年在国民军联军总政治部任职，同年加入中国共产党。大革命失败后曾在上海济难会工作。1930年到中央革命根据地，曾任中共苏区中央局秘书科长。1934年中央红军主力长征后留在根据地坚持斗争。1935年3月在福建长汀被执行王明“左”倾错误的福建省苏维埃政府保卫局杀害。刘伯坚自1927年与王叔振结婚后，由于革命工作需要，他们夫妻聚少离多。但无论走到哪里，他都习惯给爱

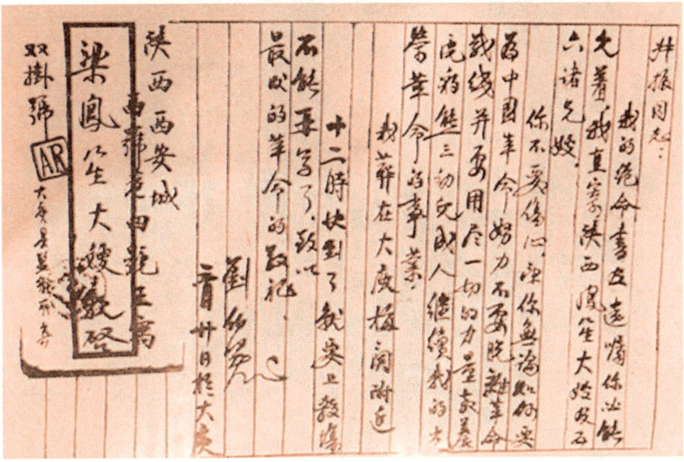

刘伯坚写给妻子王叔振的遗书

人写家书。可在刘伯坚被俘之前这段时间，由于形势紧张，工作繁忙，已经有好几个月没有和王叔振通信了，但是他还是坚信，妻子会看到自己最后一封家书。在信中他一方面鼓励妻子继续坚持革命，另一方面希望妻子能够将三个孩子抚养成人。可是，他万万没有想到，在他写这封信之前，王叔振已先他一步在闽西游击区光荣牺牲了。

刘伯坚在大庾监狱和绥署候审室被关押了12天。在这短短的12天铁窗生活中，他和敌人进行了英勇顽强的斗争并给我们留下了气吞山河、光照日月的珍贵遗墨。这些家书文笔流畅，字迹潇洒，充分体现了一个共产党人临

刘伯坚和妻子王叔振

危不惧、视死如归的高风亮节。刘伯坚写给妻子信中的最后一句话是："十二时快到了，就要上杀场，不能再写了，致以最后的革命的敬礼！"一边是森严的杀场，一边是从容的留墨，这是一种怎样的凛然和镇定，没有坚定的信仰，万万不能做到，正如老将军宋任穷所说的："刘伯坚这个人真了不起，快要上杀场了，还是那样镇定自若的写家书，信上的字迹和笔画，跟平时工作时的字迹和笔画一模一样，一点没有变。"西安事变时，凤笙大嫂将刘伯坚的长子刘虎生与这些遗墨一并送交周恩来。周恩来对刘伯坚一直缅怀不忘。19世纪60年代周恩来在中国革命历史博物馆向外宾介绍这些遗墨时，曾动情地说："这些遗作，是我们党在战争年代里流血牺牲的烈士给他的亲人的最完整的遗书。"刘伯坚、王叔振的三个孩子都在难以尽述的艰难中长大成人，并先后被中央找到。1979年5月，刘伯坚、王叔振这对著名的革命夫妻，在双双壮烈牺牲44年后，他们的三个儿子在北京聚首，三个男子汉紧紧拥抱在一起，沉浸在悲恸、激动、自豪的复杂情绪中，这种情绪过后，重新涌聚在三兄弟心中的，是对父母无尽的缅怀。"无情未必真豪杰，怜子如何不丈夫！"刘伯坚生前留下的几封遗书，体现了一个共产党人对亲人与革命伙伴的眷恋与不舍，更体现出一种为坚持理想信念不惜牺牲生命的革命大无畏精神，激励着无数后来者奋勇向前。

【长征·故事】王叔振生前留给儿子和丈夫的遗嘱

刘伯坚和王叔振恩爱夫妻的爱情故事，曾在北伐军中传为佳话。战斗的岁月里，夫妻俩聚少离多。1931年，独自在闽西苏区工作的王叔振生下第三个儿子熊生，但无法负着幼儿在枪林弹雨中与敌军拼杀，而且自己的处境已十分危险。于是，迫不得已她将出生不到四个月的三儿子刘熊生送给了当地的一个姓黄的家庭，为了日后能够找到儿子，王叔振也给刘熊生留下了一封家书：

刘门王氏生下小儿名叫熊生，今送给黄家将其抚养成人，虽长大在黄家，承先启后，但木有本水有源，父母恩深不可忘记，仍要继我等志愿，为革命效力，争取更大光荣，特留数语以作纪念。

母：王叔振字

公历一九三一年四月十六日写于闽西芷溪

过后，王叔振又给刘伯坚写去一信：

毅伯：

你说过的为着革命，我们是什么都可以牺牲的。我忍着极大的痛苦，含着眼泪，把熊儿送人了……

妻　叔振

相隔了20天左右，刘伯坚在闽赣前线收到妻子的信，随即给远在西安的兄嫂写了上文中的信。

狱中留言

（一九三五年×月×日）

刘畴西

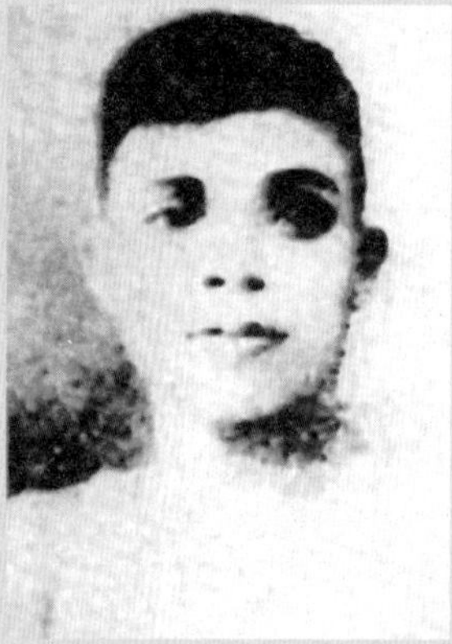

刘畴西

（1897—1935）

湖南望城人。黄埔军校第一期毕业，中国共产党早期军事领导人之一。军校毕业后任黄埔军校教导团第一团第三连党代表，在第一次东征中光荣负伤，失去左臂。1929年初赴莫斯科伏龙芝军事学院学习，1930年8月回国到中央苏区工作，任红一军团第三军第八师师长。在多次反“围剿”作战中屡立战功，被誉为“独臂将军”。1932年7月，任红二十一军军长，率部转战赣南苏区。1933年初，率部编入红一方面军，投入第四次反“围剿”战斗。同年3月，奉命前往闽浙赣苏区工作，同年10月，调任闽浙赣军区司令员兼新红十军代军长、军长，与方志敏率部参加中央苏区第五次反“围剿”作战。1934年11月，被任命为红军北上抗日先遣队总指挥、红十军团军团长兼二十师师长，并被选为闽浙赣军政委员会委员。12月，与方志敏等奉命率部北上皖南，转移到外线作战。12月中旬，在安徽太平县谭家桥附近的乌泥关指挥部队伏击围追之敌，遭王耀武重创，遂与方志敏商定率部撤回赣东北苏区进行休整。1935年1月，在怀玉山区兵败被俘，8月6日在南昌与方志敏烈士一同英勇就义。

脖子伸硬些，挨他一刀！临难无苟免。

* 摘自江西人民出版社1991年版《江西革命烈士书信选》。1935年，刘畴西同志在怀玉山程家湾不幸被国民党反动派所俘，他在狱中坚贞不屈，视死如归。这篇狱中留言，当写在1935年7月以前。

【书信·解读】

对于一般的读者来说，刘畴西可能是一个十分陌生的名字，但在中国共产党历史上，刘畴西却是一个响当当的名字。他曾先后在黄埔军校和伏龙芝军校学习过，黄埔一期毕业后，在东征棉湖作战中相当勇敢，丢了一条胳膊，蒋介石对他印象非常深，因为东征棉湖作战是奠定蒋介石的基础的。可以说，没有黄埔就没有蒋介石，没有棉湖恶战就没有黄埔军的威名。后来蒋介石担任黄埔同学会会长时，刘畴西担任黄埔同学会的总务科长。可见，刘畴西的资历很老。

1934年，中央红军长征的前夕，为了使中央主力红军安全转移，军委会决定派出寻淮洲领导的红七军团，以“抗日先遣队”的名义东征闽浙皖，吸引国民党军的注意力。7月7日，6000余众之北上抗日先遣队由瑞金出发，11月初，抗日先遣队转入闽浙赣革命根据地与红十军会合，奉命编为第十军团，刘畴西被任命为军团长。1934年12月14日，红十军团全部转向外线作战后进行了第一仗——谭家桥战斗。在这场伏击战中，刘畴西显得有些刚愎自用，他没有听寻淮洲的意见，部队的使用也不太得当，最后指挥作战也有一些问题，本想打一场胜利的伏击战，结果变成一场遭遇战，寻淮洲师长也壮烈牺牲，部队受到重大损失。谭家桥的失利很大程度上是选敌不当、指挥不当所致，刘畴西负有不可推卸的责任。

谭家桥战斗之后，国民党组织约20个团的兵力，一齐追击红十军团，踌躇满志、信心满满的刘畴西开始变得优柔寡断。1935年1月9日，红十军团在浙江西部遂安县茶山村召开紧急会议，决定一起回赣东北，先休整后分兵。为了摆脱敌人，粟裕率领先头部队800多人走在前面，另外2000多人组成的主力部队则由刘畴西率领。1月10日晚上从茶山村出发，行至开化县西北的大龙山，就遭遇国民党军拦击。粟裕带领先头部队绕道山脊荒径继续南下经杨林前进到靠近闽浙赣大苏区的港头，等候主力部队；而刘畴西率大队连夜改道青岭顶险道夜行甩掉了敌人，但此时却与先头部队失去联系。当主力部队行至杨林时，刘畴西考虑从这里翻过一个山头就是开化、婺源、德兴苏区，且部队过度疲劳，便命令在当地宿营。就在红十军团主力在杨林宿营休息的时候，国民党浙江保安第二纵队第五团从星口连夜急进35公里，赶在红十军团主力部队之前到达开化、婺源、德兴苏区东部边缘的王坂、徐家村，占领了堵截十军团前进的有利阵地。红十军团主力进到徐家村，立即受到敌人的阻击，双方展开激战。刘畴西以一部分兵力掩护，大部队改变行军路线撤退。至15日红十军团主力部队才大部分进入开化、婺源、德兴苏区。蒋介石觉察到红十军团的意图，加紧调集人马，堵截红十军团进入闽浙赣大苏区。1月16日下午6时左右，粟裕集

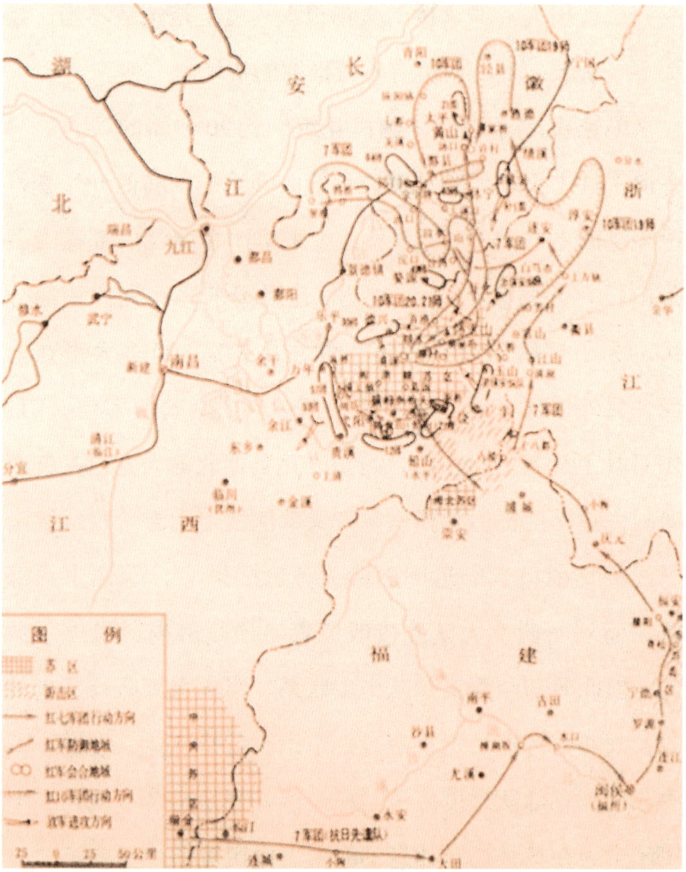

中国工农红军北上抗日先遣队行动路线图

合先头部队刚要出发，刘畴西派人告知主力部队离港头只有5里路，要休息一晚，可方志敏和粟裕却很担心，经商量决定，方志敏留下接应大部队。为了将队伍带出来，方志敏带着几个人在程家湾附近找到了刘畴西的大部队。可这时，国民党14个团已分路赶到，堵死了四面的通道。红十军团主力被敌人包围在方圆只有15里左右的怀玉山。18日夜，红十军团向金竹坑发起突击，而驻守在碉堡里的国民党军猛烈地开火。刘畴西冲在前面，被枪弹击伤了右臂。1月20日，刘畴西率余部在许坞作最后一次突围，终突围不成困在怀玉山。刘畴西与方志敏商议，分散行动。最终，国民党实施分割“搜剿”，刘畴西在敌人搜山中被捕。

刘畴西被俘后，蒋介石密令国民党驻赣绥靖公署主任顾祝同，尽力劝说方、刘“归诚”。特别是针对黄埔一期毕业、第一次东征在棉湖之役任教导一团第三连党代表的刘畴西，蒋介石命顾祝同一定要设法将他争取过来。在黄埔时，顾祝同既是刘畴西的教官，又是他的上司，但顾祝同怕自己说不动，又联络来更多的黄埔同学，让他们帮助做工作。于是从皖浙赣交界处的怀玉山到上饶，从上饶南昌，押解方志敏、刘畴西二人的路上，来劝降之人络绎不绝，仅顾祝同本人就来了三次。刘畴西面对死亡和友情、爵禄毫不为之所动，坦然写下了狱中遗言，虽然只有简短的一句话，但却把他坚贞不屈、视死如归的大无畏精神体现得淋漓尽致。世人可以责怪他在战斗中的骄傲轻敌，犹豫不决，但他坚强的革命意志令人钦佩。方志敏在《可爱的中国》一书中，曾用“田寿”这个名字，记叙了他在狱中的不屈斗争。也许很多人都在思考：中国共产党为何总能排除万难走向辉煌？长征缘何可以走向胜利？是仅仅因为一些领袖式的人物吗？应该是中国共产党坚定的共产主义信仰、不怕万难的革命精神、代表劳苦大众的方向宗旨、敢于牺牲的凌云壮志！

【长征·故事】血战谭家桥

红军北上抗日先遣队在汤口会师，使敌人惊慌起来，称“方志敏首创之武力，乃由分而复合，其势颇猖獗”。1934年12月11日，蒋介石急忙调整部署，除在浙西、赣东和皖南加强堵截外，另编组“追剿队”，委任浙江省保安处处长俞济时为总指挥，统辖第七师二十一旅李文彬部、第四十九师伍诚仁部、补充第一旅王耀武部、浙江保安第一纵队蒋志英部，约11个团兵力，专事“追剿”，企图以南北夹击，将红军围歼于黄山地区。

俞济时受命后，急设指挥部于皖南歙县，调遣驻太平县城仙源（今黄山区仙源镇）第七师二十一旅“即向谭家桥扼要堵截”，补充第一旅集结歙县岩寺，第四十九师由婺源北上休宁，并出动飞机进行侦察、轰炸。

12月13日，红军先遣队一部翻越黄山，到达谭家桥，分驻谭家桥街上、文雅、西潭、留杯荡等地。同日，红十军团指挥部随同主力部队，从汤口沿大岩公路向北转移，经乌泥关进入谭家桥地区。

谭家桥，地处太（平）旌（德）歙（县）三县交界，自古扼守徽（州）宁（国）两府交通要道，正在修筑的大岩公路自北而南穿境而过。村庄较大，约有千户人家。环村东西两面皆高山，东为鹊岭（与旌德分界），西为黄山，中间是平坦的山谷和由南而北的麻川河，南有乌泥关山隘口和石门岗、蛇形山制高点，乌泥关以北一路小山坡，森林茂密，地势险要。

先遣队进驻谭家桥时，敌军正分3路尾追而来，中路之敌补充第一旅由俞济时率领，已孤军突进至汤口。该敌是蒋介石嫡系部队，共3个团，外加浙江保安纵队第三团1个营，装备精良。先遣队2个师，兵力与敌相当，但枪械弹药不足，予敌迎头痛击把握不大，若伏击，则有一定胜算。红十军团首长判断敌军将沿公路尾追，决定利用乌泥关至谭家桥公路两侧有利地形，以伏击手段，争取歼灭该敌大部。

12月14日凌晨1时，先遣队各部进入阵地。6时，敌俞济时部从汤口出动，向谭家桥方向进逼。

上午9时许，敌前卫部队进抵距谭家桥约3公里处。因红军一新战士不慎走火，受惊的敌军立即停止前进，迅速以1个营占领乌泥关东南一带高地，其余在公路两侧展开，并将情况飞报旅部。此时，红军以迅雷不及掩耳之势，发起猛烈进攻，敌军陷入混乱，团长、团副均被打伤。但由于开火过早，红军对敌未形成完全包围态势，加之战斗中未按计划将十九师主力配置在石门岗以北，而摆到石门岗以南的乌泥关一带，地处悬崖峭壁，兵力展不开，未能迅速分割敌军，战场形势逐渐转为不利。

先遣队处境险恶，但全军将士勇往直前，前赴后继，生死无畏。为夺回石门岗制高点，红军接连向敌人发起4次冲锋。枪械弹药不足，红军便吹起冲锋号，端起长枪刺刀，抡着大刀，强渡麻川河，冲向石门岗，与敌短兵相接，展开激烈肉搏，当场击毙敌军100多人，缴获枪支40余件。但终因敌众我寡，阵地未能夺回。

拉锯战、消耗战一直持续到下午5时。连续血战8个多小时，使先遣队付出了惨重代价，战士伤亡近千人，尤其是领导干部伤亡较多，当场牺牲的有八十七团团长黄英特等，负伤的有军团政委乐少华、政治部主任刘英、参谋长粟裕等。乐少华、刘英、粟裕是在战况紧急，指挥部队反击时先后负伤的，乐少华胸部重伤，刘英、粟裕各伤一只手；寻淮洲在带队夺取石门岗制高点时腹部也受了重伤，后在转移泾县茂林途中牺牲，年仅22岁。这一仗，敌军伤亡亦达220人。双方精疲力竭，无力再攻，形成对峙。

入夜后，战场上枪声逐渐稀疏。先遣队侦悉敌军第二十一旅正由仙源火速向谭家桥集结，为保存实力，军团首长决定立即北撤。敌人虽预料红军掩护撤退，但因“苦战既久，亟须整顿”，又怕夜间再遭伏击，未敢追击。至15日拂晓前，先遣队全部撤出谭家桥地区。

谭家桥战斗结束了。烈士的鲜血染红了谭家桥山水，红军在此留下了英勇悲壮的历史篇章。

据《党史纵览》2008年第12期《粟裕大将骨灰缘何安葬谭家桥》

给岳父的信

（一九三五年九月二十日）

杨幼麟

杨幼麟

（1899—1935）

又名杨幼林，化名石夫或施芙，湖南湘乡人。1925年9月加入中国共产党，1927年秋被派赴苏联，入莫斯科东方大学学习军事。1929年夏回国，被派去湘鄂赣边工作。从1929年9月起，杨幼麟先后当选中共湘鄂赣边第二、三届特委执行委员，并被推选为常委。1930年7月底，红三军团攻占长沙后，一度成立湖南省苏维埃政府，杨任省苏维埃政府副主席、代理主席。1931年6月底，他担任中共湘鄂赣省委委员、常委。同年9月，又担任湘鄂赣省苏维埃政府执行委员会委员，10月被推定为常委、军事部长。1932年3、4月，他被指犯有右倾机会主义、官僚主义错误，接连被撤销省委常委、省苏维埃政府执委会常委及军事部长职务。后来，杨幼麟奉命和中共湘鄂赣省委前书记李宗白、红十六军政治部主任兼军委书记邓乾元等一道前往瑞金，向中共苏区中央局（中共中央局）汇报湘鄂赣省委情况，并带去省委第一次扩大会议以后的各种文件。到瑞金后，杨幼麟即因病而去闽西汀州福音医院治疗休养。在中央红军主力长征后，他被留在了瑞金坚持游击战争，不久被敌捕获，英勇就义。

丰泰老伯：

不通音问又三年了，在这三年中，虽然从报纸中得到一些家乡的消息，然而总不能满足我全部了解的要求，虽然前数次的写信询问，但始终得不到支字片纸的答复，结果我的希望还是渺然！

秋初的时节，又掀起了我思念故乡的情绪，因此又来作此次通讯的试探，以慰故乡倚念者！

近年来洪水的泛滥和瘟疫的流行[1]，以及生活程度的日高，我已经估计到，你们也无法免脱这些灾难，特别是不能得到任何接济而又无子、无父、无夫的人们［底］〈的〉颠连流沛，更是我预想得到的事情；而以我［飘］〈漂〉泊无踪，何尚又非家人最关切的事呢？所以一切的烦恼、痛苦、怨哀……莫不是你们的正常生活呵！只是我不能估量得到的你们是否还有意外的变故?！你们饥饿、冻冷与铁蹄践踏重重压迫的生活到底如何呢!?

十一弟的不幸我知道一些，但其究竟如何?尚不可知。他生平的浮［燥］〈躁〉是最大的缺点，结果被其所苦，这真是想不到的不幸！素芝等同志受苦是否确实?特别是对云应记念是我时刻最关心的，自然我母的孤苦更是我不忍的事情，可是这些都是非人所造的，我们只存最大的暂时忍耐而已！

我近几年来压在生活上还能糊口，但每日的劳顿，已非昔日之体强力健了。现在精神疲乏，肢体消瘦为我的写照，但还未到江河日下之势，现正在医院调治，颇有功效。因为多病的关系，所以也没有钱留下，同时仍系原差只够生活，以至无法接济家庭，这自然使依赖者失望，但事实如此奈何!?我想以后的情形或许好点，等待以后吧！九爷在江西，今年三月前会得，也是因为自己不慎也弄得不好，闻说近来仍在病中，尚无消息。

我在湘庄[2]到此地还不久，情形还不十分熟悉，不久出院后或在此地庄上，暂时不会他往，目前囊不储金，无术言返！[3]

你老家中各位均好否？你老的精神还健康否？家母及素芝等情形如何？故请于接信后告我，同时我的情形亦请转告是幸！

关山万里，临款依然，游子能不伤怀！余后叙

敬祝

健康！

婿　施芙[4]

九月二十日下午于病中

（十一月十九日收）

来信寄：福建汀洲福音医院转

---

* 书信摘自1983年版湘潭地委党史办编《湘潭地区革命烈士诗词书信选》。

1. 这里是暗指国民党反动派统治下的白色恐怖。

2. 可能是指湖南平江；下文说的地庄可能是指江西瑞金，因烈士在此两地时间较长。

3. 含蓄地表示他现在革命的工作中，不能抽身回来看望家乡父老和家人。

4. 即石夫，烈士的化名。

【书信·解读】

杨幼麟回国后，到湘鄂赣苏区工作。1929年9月2日，他在平江中共湘鄂赣边特委的扩大会议上，针对当时准备武装起义的各个问题，明确提出了自己的看法。他认为：敌人的进攻，固然不能消灭革命，但能打击革命，延缓革命高潮的到来。因此，在斗争中，不仅要学会直接的或间接的进攻，而且要学会退却；不仅要学会打击敌人，而且要学会躲避敌人的打击。那种盲动主义的孤注一掷的军事冒险，脱离群众的乱杀乱烧，企图与气焰很高的敌人作武装对峙，不仅不能打击敌人，而且必然招致自己的巨大损失。他主张先着手发展和巩固革命根据地，把恢复苏维埃组织同恢复、健全和发展党的组织紧密结合起来，然后动员群众，发展武装斗争，有力地打击敌人。他的这些意见得到与会者的赞同，并根据新的形势作出了新的决策。在这次会上，他与王首道、袁国平、刘建中、李宗白等五人当选为特委第二届执委会常务委员，成为边区重要领导人。为了坚持边界斗争，杨幼麟与王首道等于12月10日在万载陈坑召开的特委执委会上，又就运用民主办法改选各级苏维埃组织，扩大边境赤卫武装，组织年关斗争，建立中心工作区域，加强思想教育等问题采取了许多重大措施。他和特委坚持边界斗争的一些正确方针和策略，使边界形势有了很大的发展。1930年6月，当边界特委在平江县东乡西区召开湘鄂赣边境党的第一次代表大会时，特别就形势变化和经验教训作了总结，并作了相应的决议。在选举边境特委第三届委员会上，他又当选为执委常委委员，分管宣传工作。1930年7月，红三军团前委和湘鄂赣边境特委遵照党中央命令，进攻长沙。湘鄂赣特委还组织随军工作团，由杨幼麟和王首道负责。红三军团攻占长沙后，杨幼麟担任了新成立的湖南省苏维埃政府副主席、代理主席。省苏维埃政府在他的主持下，制定了施政纲领，颁布了《暂行劳动法》和《暂行土地法》。红三军团撤离长沙后，省苏维埃政府随军先迁到平江长寿街，再迁至江西修水上杉，改名为湘鄂赣省苏维埃政府。1931年7月，在浏阳东门楚东山召开的湘鄂赣省第一次党代表大会上，他当选为新成立的湘鄂赣省省委委员。在9月23日召开的湘鄂赣边区第一次工农兵代表大会上，他又当选为湘鄂赣省苏维埃政府执行委员兼任军事部长。湘鄂赣边区武装斗争在他的主持下，由于灵活运用游击战术，加强对白军的政治攻势，大力消灭地主武装，破坏敌后交通和发动白区群众斗争等措施，使得红军越战越强，队伍也不断壮大。

然而，杨幼麟这些正确的措施，却受到六届四中全会以后的中央“左”的指责，认为“湘鄂赣省委贯彻四中全会不力，转变不彻底，犯了严重的调和主义、右倾机会主义错误”，并派出一个中央代表团来改组省委。代表团来到省委驻地修水县上杉后，又在执委扩大会议上指责杨幼麟和李宗白是“右倾机会主义”，“妨碍了六届四中全会所规定的‘一省数省首先胜利’的中心任务的完成”，指责红军“完全停留在游击时代的游击主义”，“平浏地域观念严重”等。并认为他不宜继续在省苏维埃政府中负责工作，因而将他在湘鄂赣苏区的党政职务全部解除。杨幼麟在遭到“左”倾错误的打击后并不灰心，而是相信今后的情况总会好转。他在给亲友的一封信中说：“我们只有最大的暂时忍耐而已！”“我想以后的情况或许好点，等待以后吧！”他离开湘鄂赣苏区后来到中央苏区，但已身患严重的肺病。苏区中央局留他在中央苏区一边工作，一边治病。杨幼麟给岳父的信就是在福建汀州福音医院疗养时写下的。

杨幼麟在苏联学习和回国后，曾多次给家里写信，但由于反动派的封锁与搜查，这些信家里大都没有收到，他也没有收到家里的音信。因此，在福建长汀时，他给岳父写下了这封信。家书的主要内容是向岳父询问家中的情况，其中提到几个主要的家庭成员：十一弟是杨幼麟的弟弟杨再麟同志，1930年12月5日被反动派枪杀于湘乡县城；九爷是杨幼麟的哥哥杨次麟，1930年红军攻打长沙时任红三军团某团副团长，后转战于湘赣苏区，在第四次反“围剿”战役中牺牲于江西宜黄；素芝是杨幼麟的妻子沈素芝，1931年5月曾被伪湘潭县府派兵以“共匪头目家属”的罪名逮捕入狱，遭受严刑拷打；云应是杨幼麟的女儿杨湘云。杨幼麟烈士写下这封信的时候，他的哥哥杨次麟和弟弟杨再麟早已为革命牺牲，妻子沈素芝也遭受了残

杨幼麟同志是一位党的好干部，对党的事业忠诚，很有能力，工作负责，作风民主，并能忍辱负重，为湘鄂赣边区根据地的建立和发展作出了很大贡献，后又不因遭到错误的打击而灰心。他坚信党，坚信真理一定战胜谬误。他离开边区到中央苏区后，如实向中央反映了湘鄂赣边区省委的情况。不久经中央核实后，改组了省委，撤销了原省委书记的职务，证明了杨幼麟同志是正确的。

——摘自1985年王首道给中共湘乡市委的信

酷的牢狱之灾。而杨幼麟在信中还在打听他们的情况，可以看出他已经许久没有家中的音讯了。因此，整封家书中充满了对家人生活和安危的关切、挂念。虽然急于了解家中情况，但“囊不储金，无术言返”，杨幼麟含蓄地表示他现在革命的工作中，不能抽身回来看望家乡父老和家人，表达了自己无法接济和看望亲人的愧疚之情，也表达了自己无法尽好一个儿子、丈夫以及父亲之责的难过之情。在信的末尾，杨幼麟写道：“关山万里，临款依然，游子能不伤怀！”这是杨幼麟复杂心情的写照，正如汉代文学家班彪在《北征赋》里写的那样，“游子悲其故乡，心怆悢以伤怀”，充分表达了游子在外对故乡的思念之情，对国家命运不济的感伤。尽管如此，杨幼麟烈士仍对革命倾注了全部。由于长期在艰苦的环境里进行斗争，积劳成疾，患上了严重的肺病。信中杨幼麟烈士也提到了自己的身体状况，精神疲乏，肢体消瘦。但杨幼麟依然抱病从事革命工作，红军战略转移后，他坚守苏区，无怨无悔，直至献出自己的生命。

【长征·故事】一门忠烈杨家七雄

湖南湘乡县龙洞乡的韶峰紧邻韶山，海拔518米，因舜帝南巡此地，演奏韶乐而得名。而就在此地的革命先烈，除了世界著名的领袖毛泽东外，还有赫赫有名的中国开国元帅彭德怀、陈赓，开国大将谭政，“杨门七雄”也功勋卓著，名垂千古！

“杨门七雄”中有一位特殊的英烈，那便是杨幼麟的母亲张福慧。中国红色史专家、湘潭市党史办办公室主任唐微介绍：“张福慧可是一位时代造就的‘传奇人物’，她不仅横跨清朝、军阀混战、中华民国、中华人民共和国几个时代，而且为了中国革命一家奉献了六位亲人。”

有诗《七烈颂》曰：革命多英烈，杨门有七雄。丹心昭大宇，浩气贯长虹。斗敌千般勇，酬民一代忠。捐躯慷慨去，万古扬高风。诗中七烈指的就是“杨门七雄”：杨幼麟、杨次麟、杨再麟、杨淑梅、杨淑英、杨母张福慧、杨幼麟之妻沈素芝，为了革命事业，为国捐躯。缅怀先烈业绩，人们无限敬仰，齐称“杨门七雄”。现韶山龙洞城前村修建杨门七雄纪念碑，彰显老一辈志士的革命风范。

给喻权域的信

（二〇〇一年十一月二十八日）

张爱萍

张爱萍

(1910—2003)

四川省达县人，1928年加入中国共产党，1929年参加中国工农红军。在军中，以“军中才子”“马上诗人”著称。长征中，历任红三军团第四师政治部主任，第十一团、第十三团政委。在突破国民党军四道封锁线、四渡赤水、勇夺娄山关、大战老鸦山、保卫遵义城以及抢占白层渡口、金沙江堵敌、青石嘴痛歼敌骑兵等战役、战斗中，他率部英勇战斗，冲锋在前，多次担负军团前卫和后卫，为红军主力开道，掩护党中央和中央军委机关的安全。长征到达陕北后，任中央军委骑兵团政委兼代团长。他刻苦学习骑兵技术和战术，很快成为优秀的骑兵指挥员。为配合红军大部队东渡黄河抗日，他率部转战长城内外的榆林、靖边、定边、安边地区，纵横驰骋，屡建奇功，有效地牵制了敌军。

喻权域同志：

你11月20日的来信，收悉。

应你信中要求，在此介绍我曾经历的有关情况。

在红军长征途中，为缓解连续长途行军的疲劳，上级规定，只要条件许可，每到宿营地，我军指战员都要烧热水泡脚，然后用烧酒搓脚板。各级领导对此都很重视。营、连领导还要亲自进行检查。当我红军部队经过茅台镇时，每个连队的炊事班，都用伙食挑子担上茅台酒，以备晚上宿营时供战士搓脚用。

看了你信中关于有人污蔑红军战士在茅台池洗脏脚的事，不禁使我联想到，当年我红三军团长征经过川西天全时，我和彭雪枫同志在天全图书馆内发现国民党的《申报》，报上载有红军的苏联顾问李德跳进茅台酒池里洗澡的奇闻。当时这类造谣污蔑令人可气又可笑。

以上供你参考。

张爱萍

2001年11月28日

---

* 书信摘自《党的文献》2002年第1期。

【书信·解读】

红军长征闻名于世，有关长征的各类书籍材料层出不穷，也产生了有关长征的种种“故事”。在各种“故事”当中，所谓的红军长征路经茅台镇，红军战士用茅台酒洗脚，风传甚广。著名马克思主义理论家、经济学家、新闻学家喻权域认为这类传言对红军的形象有很大损害，任其传播，流毒无穷，会贻害子孙后代。但在今日中国，参加过长征，到过贵州茅台镇的老红军已经不多了，喻权域希望参加过长征的张爱萍能出来澄清这件事。因此，他在2001年11月20日给张爱萍将军写了一封信。在信上喻权域提出了自己的看法：第一，酿酒池里并无酒，不可能在酿酒池里洗脏脚。至于酒窖里盛成品酒的酒坛、酒罐，坛口、罐口都很小，人不可能把脚伸进去洗。第二，把烈酒倒来“洗脚”，是川南、黔北一带的常事。那一带民间有个习惯，走长路脚走痛了，夜里睡觉前倒些烈酒在脚上、腿上，用手使劲搓洗，以减轻疼痛，缓解疲劳，俗称“用烧酒洗脚”。但是喻权域也认为自己毕竟没去过茅台酒厂，更没有亲见红军过茅台镇的情景，缺乏权威性，因此，恳请张爱萍亲自出来澄清此事。

张爱萍将军很快给喻权域回信，说明了事实真相。2002年，《党的文献》第1期刊发了喻权域的《关于红军长征中一则史实的通信：喻权域给张爱萍的信》的文章，文中对长期以来流传的关于红军战士在茅台酒厂的酿酒池里洗脏脚的传闻加以驳斥，并希望通过与当年参加长征的张爱萍将军以及四川红楼梦酒厂厂长阳治国的通信来澄清这个谣传。实际上关于这个问题主要有两个关键点：第一，红军战士是用茅台酒洗脏脚还是仅仅把茅台酒当作烈酒用来疗伤？第二，如果红军战士真的用茅台酒洗脏脚了，是在什么样的情况下洗的，事先是否已知道是茅台酒？

关于第一个问题，红军战士是用茅台酒洗脏脚还是仅仅把茅台酒当作烈酒用来擦（搓）脚疗伤？很多回忆录里都有论及。《耿飚回忆录》里就有这么一段描写："这里是举世闻名的茅台酒产地，到处是烧锅酒坊，空气里弥漫着一阵阵醇酒的酱香。尽管戎马倥偬，指战员们还是向老乡买来茅台酒，会喝酒的细细品尝，不会喝的便装在水壶里，行军中用来擦腿搓脚，舒筋活血。"成仿吾也在回忆录中提到："茅台镇是茅台名酒的家乡……我们有些人本来喜欢喝几杯，但因军情紧急，不敢多饮，主要是弄来擦脚，恢复行路的疲劳，而茅台酒擦脚确有奇效，大家莫不称赞。"《杨成武回忆录》还有相关记载："著名的茅台酒就产在这里。土豪家里坛坛罐罐都盛满了茅台酒。我们把从土豪家里没收来的财物、粮食和茅台酒，除部队留了一些外，全部分给了群众。这时候，我们指战员里会喝酒的，都过足了瘾，不会喝的，也都装上一壶，留下来洗脚

反映红军用茅台酒治伤的雕塑

活血，舒舒筋骨。”肖劲光也在回忆录中写道：“茅台镇很小，茅台酒却驰名中外。我们在茅台驻扎了三天，我和一些同志去参观了一家酒厂。有很大的酒池，还有一排排的酒桶。……有些同志还买了些用水壶装着，留着在路上擦脚解乏。”从这些回忆文字可以得出这么一个结论：红军战士的确用了茅台酒，而且主要是用来擦（搓）脚疗伤、舒筋活血的，至于是否用来洗脏脚，以上回忆录就没有说明了。第二，红军战士事先是否已知道是茅台酒？美国著名记者、作家哈里森·索尔兹伯里在其《长征——前所未闻的故事》一书中写道：“据传说，当时那些稚气未消的红军战士不知什么是茅台酒。他们涌入街道两侧的酿酒作坊，用茅台酒冲洗他们疲惫和打了泡的脚，以至酒汇成河，流出作坊，淌入泥沟。”当然，索尔兹伯里本人并未随军参加长征，这些也许只是其在重走长征路上所听到的传闻。在2012年6月4日的《北京日报》上登载了《“打防御战要有乐于吃亏的精神”——罗元发将军三五事》一文，文中提到将军对茅台酒泡脚治病一事的回答：“其时，部队缴获不少茅台酒，许多战士并不知其为名酒。是时连续行军，天气潮湿，红军中烂脚者甚多，故有人用茅台酒洗脚消毒，其实是用酒泡脚，盛小半脸盆酒，大家轮流泡一泡。”罗元发将军明确提到许多红军战士不知道茅台酒是名酒，这也说明“不知道”的情况是存在的。并且，就算红军战士在不知道的情况下用名贵的茅台酒洗脚疗伤解除疲劳，这在战争年代是可以理解的，不能借此来指责“长征时期的红军官兵没文化，很粗野”，“洗脏脚败坏了茅台酒”。

另外，在张爱萍的回信中还提到了另外一则传闻，即李德跳进茅台酒池洗澡。根据喻权域和阳治国所描述的酿酒过程，即“原料加工”“酝酿发酵”“蒸馏出酒”三个阶段，再加上“勾兑”“窖藏”两道工序，酒池里并没有酒，这足以说明人不可能在酿酒池里洗脚，更别说在酒池洗澡了。茅台酒厂党委副书记乔洪也证实了这一点：“茅台酒的发酵方式属于固态发酵法，其特殊工艺决定发酵方式分两步。首先是在凉堂上敞开式堆积发酵，这当然没有酒或水流出。然后是将酒醅放进条石泥底酒窖内发酵。发

茅台镇：1935年3月红军在这里三渡赤水入川南

酵池在室内，长十来米，宽五米，深三米以上。酒醅疏松成颗粒状，基本上是干的，所以也没有酒或水流出。还有，发酵过程中会产生一氧化碳、二氧化碳等气体，俗称‘窖潮’，开窖后，若不经排出‘废气’，人进去会窒息昏倒。所以，根本不可能有人进去洗脚、洗澡。”由此可见，有关李德跳进茅台酒池洗澡确实是谣传。

1935年3月16日，红军在茅台镇期间，红军总政治部以主任王稼祥、副主任李富春的名义发布《中国工农红军总政治部关于保护茅台酒的通知》：“民族工商业应鼓励发展，属我军保护范围，私营企业酿的茅台酒，酒好质佳，一举夺得国际金奖，为人民争了光，我军只能在酒厂公买公卖，对酒灶、酒窖、酒坛、酒瓶等一切设备，均应加以保护，不得损坏。望我军全体将士切切遵照。”由此可知，红军是有严格政策和铁的纪律的人民军队，红军官兵有着高度的政治觉悟和纪律观念，在长征路上公买公卖、秋毫无犯，模范执行了党的政策和群众纪律。这正是共产党和红军能够赢得人民拥护、取得革命胜利的根本原因。

【长征·故事】四渡赤水，“酒神护佑红军”？

张爱萍将军回忆说，“当年我红三军团长征经过川西天全时，我和彭雪枫同志在天全图书馆内发现国民党的《申报》，报上记载有红军苏联顾问李德跳进茅台酒池里洗澡的奇闻”。

原来，刊发“红军酒缸里洗脏脚”的是国民党统治区的报纸，《申报》描述“李德跳进茅台酒池洗澡”如身临其境，而《逸经》第33期的文章则评论说，“酒池生浪，异香四溢。可惜数缸美酒，已成脚汤”。原来“酒池洗脚”的始作俑者是国民党媒体。抗战期间，民主人士黄炎培在重庆参加一次画展，曾就所谓“酒池洗脚”题写一首七绝：“喧传有人过茅台，酿酒池中洗脚来。是真是假我不管，天寒且饮两三杯。”

1935年3月14日，红军兵分三路向茅台村（今茅台镇）移动，准备三渡赤水河。毛泽东来到赤水峡谷，宽衣小憩。这时，警卫员陈昌奉报告说："白雾笼罩的那片地方有一池好酒，不少战士正往碗里、水壶里、瓶子里灌酒……"

深山野岭中，陈昌奉从乡间找来一老汉。老乡解释，一家酒坊老板用十多匹骡马驮运二十多坛窖酒，中途竟然倒在河中。原来，蒋介石从南京带领大批官员到贵阳督战。这些军政大员想喝茅台酒，即命酒坊老板绕道遵义运酒至贵阳。不料，骡马队刚到盐津河温泉就遇到红军。仓皇间，酒坊老板把二十多坛美酒倒入盐津河，匆匆赶着骡马逃往深山。南京控制的报纸却"倒打一耙"。

随着红军各部先后抵达茅台一带，红军总政治部随即贴出布告：禁止红军进入酒厂店铺擅自取酒。红军干部李志民在《茅台酒》一诗中描述说："眼发花来头发晕，人在梦里夜行军，想喝一口茅台酒，解解疲劳爽爽

太平洋渡口：位于贵州习水醒民镇与四川古蔺太平镇交界处，1935年2月18–21日，中央纵队及五、九军团在此二渡赤水河。

心……情愿喝喝凉水清清口，不要为了喝酒失人心，人心有钱也难买，人民利益记在心。”

红军规定，所有识字的战士每天至少要刷写两条革命标语。四渡赤水纪念馆副馆长李宛儒说，四渡赤水纪念馆馆藏有《红星报》第28期，“红军在长征的艰难环境下，依然坚持出版《红星报》鼓舞士气、凝聚军心和民心”。

进驻土城后，红军不仅借东西写借条、买东西给钱，还开仓分盐。当时，土城是川盐入黔仁岸上重要的盐码头和集散地，在“斗米换斤盐，斤盐吃一年”的年代，开仓分粮分盐深得民心。土城镇上的老百姓都愿意帮助红军，红军渡河时，他们纷纷将自家的绳索、木头借给红军，甚至将自家门板拆下来帮助红军搭建渡河的浮桥。

习水县土城镇上，红军的踪迹依旧可寻。走在“老街”上，可以发现，一些老百姓仍然在使用红军搭浮桥时用过的旧门板。曾家糟房是朱德四渡赤水时的住处，两扇参差不齐的门板上，还有几处弹孔……

据2016年9月28日《南方周末》

勃沙特先生，久违了

萧克

萧　克

（1907—2008）

原名武毅，字子敬，湖南嘉禾人。1925年投笔从戎，先后参加过北伐战争、南昌起义和井冈山斗争，历任连长、营长、团长、师长、军长等。1934年7月，担任红六军团军团长，奉命率部先遣西征，为中央红军的战略转移开辟通道，拉开了中国工农红军万里长征的序幕。1936年7月，红二方面军成立，担任副总指挥。1936年10月任红四方面军第三十一军军长。1936年12月当选为中华苏维埃人民共和国中央革命军事委员会委员。带领部队爬雪山、过草地，为保存红军力量和实现红一、二、四方面军胜利会师作出了重大贡献。

久违了！从索尔兹伯里[1]先生处知道了你的近况。虽然我们已分别半个世纪，但50年前你帮助我翻译地图事久难忘怀。所以，当索尔兹伯里先生问及此事时，我欣然命笔告之。1984年我在出国访问途中，曾打听你的下落，以期相晤。如今我们都早过古稀，彼此恐难再见。谨祝健康长寿。

* 书信摘自《环球军事》2016年第15期。

1. 美国著名作家、记者，写作有《长征——前所未闻的故事》。

【书信·解读】

鲁道夫·勃沙特，中文名为薄复礼，1897年生于瑞士，后随父母移居英国。在英国居住期间，他从一位传教士口中了解到中国的基本情况，并开始神往中国。为了更好地到中国传教，勃沙特进行了包括学习中文、了解中国情况在内的各种训练，他还受中国传统文化的影响，给自己取了一个中文名字薄复礼，以示信奉克己复礼。1922年，受教会派遣，勃沙特前往中国，在贵州境内镇远、黄平、遵义一带传教。1934年10月初，时任贵州镇远教堂牧师的勃沙特与妻子露茜在安顺参加完祈祷后返回镇远。在经过城外一个小山坡时，正好遇到西征入黔的红六军团，在无意之中闯进了中国工农红军长征的行列。

在当时的历史条件下，红军非常怀疑勃沙特夫妇在中国的活动目的。即便如此，红军对他们还是礼遇有加。此后，勃沙特一直随红军部队行进。在这期间，勃沙特先后接触了贺龙、萧克、王震等红军领导人。其中给他印象最深刻的是萧克军团长。勃沙特与萧克相识，是源于一张地图。当时，奉命先遣西征的红六军团在贵州施秉与黄平之间抢渡大沙河，突破了防堵力量薄弱的黔军阵地，乘机袭占了黄平老城。在一所教堂里，红军缴获了一张约1平方米大小的法文版贵州省地图，这张地图对于初入贵州，对

跟随红军长征的勃沙特

行军路线十分陌生的红六军团来说，无疑是无价之宝。但是，这张地图上面所标的地名都是法文，没有人能够看懂，这一下子急坏了红六军团军团长萧克。这时，萧克想起了会说一点汉语的瑞士传教士勃沙特。他抱着试试看的想法，立刻派人把勃沙特请到军团司令部，请他帮忙把地图上的法文译成中文。在方桌前，在豆大的洋蜡烛光下，萧克小心地摊开了地图，用手指着一个个法文地名，勃沙特按照他的指点，操着生硬的中国话，先把地图上重要的山脉、村镇、河流等中文名称翻译出来，然后一一将其标记在地图上。两人边讲边比画，当他们把地图上许多重要地名而且是红六军团预定行动地区的详细地名全部译完时，已经是三更天了。后来，就是用这张地图，萧克与王震选择了与贺龙领导的红三军会合的方向。勃沙特当时没有意识到他翻译这张地图有什么重要意义，而萧克将军却始终忘不了这件事情。他后来回忆说，红六军团在转战贵州东部和进军湘西时，勃沙特翻译的法文地图起到了非常关键的作用。也正是这张地图，使得双方都留下了终生难忘的深刻印象。因此，在给勃沙特的信中，萧克又重提当年地图的事情。这张地图不仅为红六军团指明了方向，也是两者成为朋友的纽带。

此后，勃沙特跟随红二、六军团到了湘西，开始了艰苦的远征。虽然彼此信仰不同，但勃沙特从中国的这些红军指战员身上，看到了一种为实现崇高理想而不怕流血牺牲的献身精神，感悟到理想与信仰对人类巨大的引导作用。勃沙特尤其对红军部队严明的组织纪律，以及不赌博、不抽鸦片的作风，留下了极其难忘的印象。此外，虽然红军生活条件恶劣，但他们都尽量照顾勃沙特的外国习惯和习俗，在饮食和生活上想尽办法来满足他，令他非常感动。在部队开始乌蒙山回旋战时，勃沙特不幸染病，红军不仅专门为他找了一匹马驮着他走，还特意找来中医为他治病，后来还派出担架员抬着勃沙特翻山越岭。耳闻目睹红军的真实情况后，勃沙特深受触动，曾多次写信到上海、南京等地为红军采购药品，筹集经费。1936年4月，红二、六军团进逼昆明，考虑到军情紧急，战事多端，军团领导决定让传教士勃沙特离开部队，前往昆明。军团长萧克和红军保卫部部长吴德峰分别设宴为勃沙特饯行。萧克将军还专门为勃沙特做了一道拿手菜——粉蒸肉。宴会结束后，大家一一与勃沙特握手道别。吴德峰部长还命人给勃沙特发足路费，并特别叮嘱他如何前往昆明。勃沙特的长征自此结束。

勃沙特这位西方传教士同长征红军不期而遇，并随红二、红六军团生活了560天，行程达6000英里，成为中国工农红军长征队伍中一名奇特的参加者。勃沙特离开红军之后，开始着手整理自己在红军中的那段亲身经历，并利用回国探亲的机会通过演讲等形式向国外介绍中国红军的真实情况。1936年11月，当红二、六军团还在长征途中时，勃沙特的回忆录——《长征目击记》（又名《神灵之手》），已经由伦敦哈德尔—斯托顿公司出版发行。这本书当时在国外颇受欢迎，多次出版。在书中，勃沙特称赞中国的红军英勇善战、纪律严明，高度评价红军长征时一往无前的大无畏精神，从一个侧面反映了中国红军长征的历史。1938年，当埃德加·斯诺介绍红军长征的《红星照耀中国》一书发行时，勃沙特的《神灵之手》早已问世一

勃沙特的《神灵之手》

年多了。直至1978年，薄复礼又应出版商之约，在原回忆录的基础上，补充进了他从1922年来到中国到离开中国的经历，再次成书出版，并更名为《指导的手》。1940年，勃沙特再次回到贵州省盘县一带传教。教友们回忆说，每当勃沙特和教友谈到红军时，态度都极为友好。勃沙特除了在当地传教，还为当地民众看病和办学。

1984年，美国作家索尔兹伯里重走长征路，为写作《长征——前所未闻的故事》一书搜集素材。在采访萧克将军时，萧克向索尔兹伯里介绍了勃沙特帮助红军长征的往事，还郑重委托索尔兹伯里寻找勃沙特并代致问候。此事一经披露，寻找勃沙特的工作就成了各界注意的焦点。功夫不负有心人，经过各方近两年的努力，终于在英国找到了勃沙特。最先找到勃沙特的，正是索尔兹伯里。1985年11月，索尔兹伯里携夫人前往勃沙特住所进行拜访，并转达了萧克将军对他的问候。与此同时，中国外交人员通过外交途径也找到了勃沙特。萧克将军得知勃沙特近况时，非常高兴。1986年5月27日，萧克将军委托中国驻英大使冀朝铸前去拜访勃沙特，并转交了他的信件。信中一句“久违了”，表达了萧克与勃沙特分别50年之后重新取得联系的喜悦和对老朋友的思念之情。1987年末，《人民日报》驻英记者对勃沙特进行了专访。记者看到，尽管满头银发的勃沙特已90岁高龄，但精力还很旺盛，记忆力相当好。在记者要求下，勃沙特讲述了与红军一起长征的传奇经历，讲述了他和红军将领之间的深厚情谊。他感慨万千地说："在晚年被称为'中国人民的老朋友'，这更使我激动不已。"

【长征·故事】外国人笔下的长征——《神灵之手》

红军长征，不仅为中国人所关注，而且也深深吸引了众多的外国人。众所周知，美国记者斯诺在向世界全面报道中国长征的外国人中最为著名。但上文提到的勃沙特和索尔兹伯里也不容忽视。

勃沙特的《神灵之手》是第一部向西方世界介绍中国长征的著作，书中指出红军的领导人是坚信共产主义和马克思列宁主义的。

1934年10月初，英国传教士勃沙特在贵州被转战中的红军第六军团当作"间谍"扣留，他与红六军团部队一起参加了长征，在随军生活了一年多后，1936年4月离开。几个月后，他撰写了有关这段经历的回忆录《神灵之手》，于同年12月在英国出版。该书比美国记者斯诺《红星照耀中国》还早一年出版，是第一部向西方世界介绍中国长征的著作。勃沙特在书中描述了他随红军行军的见闻，表达了他对红军和长征的看法。他在"自序"中写道："许多报道，因抓我们这些人的举动，而将红军称为'匪徒'或'强盗'。实际上，红军的领导人是坚信共产主义和马克思列宁主义的信徒，并在实

斯诺的《红星照耀中国》是世界上最畅销的书籍之一，向世界全面报道了红军长征的真相，瓦解了种种歪曲、丑化共产党的谣言攻势。索尔兹伯里的《长征——前所未闻的故事》，把历史上的红军长征同新时期建设社会主义的“新长征”有机地结合了起来。

践着其原理。”

由于勃沙特把他在红军中能经过艰苦的历程而幸存的结果归功于他所信仰的上帝，故将其回忆录定名为带有明显宗教色彩的《神灵之手》，而且原副标题亦未标明与红军的关系，所以很容易被误认为是一本单纯宣传宗教的小册子，故很长一段时间里，在我国鲜有人知。但是，《神灵之手》作为目前发现的独一无二的由直接见证长征的外国人记述的长征著作，具有重要的价值。它真实地记录了红军的战斗生活历程，以及开展政治思想工作的实况，并以独特的方式揭示了红军灵活多变的战略战术和红军的统战工作艺术。它是进行红军长征史研究的重要的原始资料，对于1934年10月到1936年4月间红六军团和红二方面军的某些重大活动情况及具体时间提供了佐证。

据2006年9月22日人民网

告陕北工农劳苦群众书

（一九三五年十月二十九日）

告诉全白区工农劳苦群众们！

万恶的军阀井岳秀、高培五、马鸿宾和陕北的地主豪绅，用尽一切苛捐杂税、重租高贷剥削你们，压迫你们，使你们受穷受苦受冷受饿，成年间得不到好日子。现在，陕北有了红二十六军和广大的苏区，到处发展游击运动，苏区里面，打倒了地主豪绅国民党统治。工农群众，分了地主豪绅的田地房子，不交租、不还债、不出款子，群众过的日子比以前好得多了。这就证明，只有苏维埃红军才是解放工农穷人的唯一出路。

我们是中国工农红军陕甘支队。我们从江西中央苏区出发以来，经过了二万多里的长途远征，打败了十省国民党军阀的阻拦与进攻，才来到陕北地区与二十六军会合。为了解放你们及全中国工农劳苦群众而斗争！

亲爱的弟兄们！现在是你们翻身出头的日子到来了。我们来了，陕南的红二十五军也来了。我们同二十六军会合起来，红军的力量就更大了。不要畏惧帝国主义国民党军阀和地主豪绅的进攻，有了几个主力红军的会合，有了数十县发展着的赤色游击队，有了广大工农劳苦群众的觉悟与坚决斗争，我们一定能战胜敌人！

苏区工农劳苦弟兄们！战斗的动员起来，团结在苏维埃和红军的周围，拿起枪炮和刀矛，坚决肃清苏区内部残余的反动势力。积极进攻外面来的敌人，粉碎敌人的“围剿”，为保卫和发展苏区而斗争！

邻近苏区与游击区域的群众们！建立红色的工会、农会、游击队、革命委员会，不交租、不还债、不出款，团结起来打白军、打土豪、打差人。是行不见白军面，不卖米柴给白军，报告白军消息给红军，努力发展游击战争，同红军配合起来消灭敌人。

白区工农兵士学生们，起来罢工、罢课、抗租、抗债、抗款，举行革命兵变，发动游击战争。用你们的斗争，反对国民党军阀对苏区和红军的进攻。记着——只有苏维埃红军的胜利，才能解除你们的痛苦！我们一致高呼：

中国工农红军万岁！

苏维埃新中国万岁！

中国工农红军陕甘支队[1]政治部制

一九三五年十月二十九日

陕甘边区特委会翻印

---

* 书信摘自华夏出版社2016年版《长征记》。

1. 为扭转由于张国焘的阴谋分裂所造成的危局，9月12日，中央政治局举行俄界会议，为缩小目标，便于行动，决定将红一方面军主力和中共中央、中央军委直属部队改编为中国工农红军陕甘支队。成立由毛泽东、周恩来、彭德怀、林彪、王稼祥组成的五人团，领导红军工作。此后红军继续北上，越过岷山，于17日夺取天险腊子口。9月18日，聂荣臻与林彪一起随二师进驻哈达铺。随后进入甘南，突破敌人渭河封锁线，翻越六盘山，10月19日到达陕北吴起镇（今吴旗县城），胜利结束长征，并于11月初同徐海东、程子华领导的红十五军团会师，后恢复红一方面军番号。

【书信·解读】

1934年10月，中央红军被迫离开苏区，实行战略大转移。长征之路充满了艰辛，但比这更艰难的是，红军到底走向何方？直到进入甘肃的哈达铺之前，红军领导人还未作出最后决断。1935年9月20日，在哈达铺的红一方面军，从国民党的报纸上惊喜地发现陕北有相当大的一片苏区和相当数量的红军，于是决定到陕北去会合刘志丹领导的红二十六军。中国工农红军第二十六军，是西北地区最早的由党中央授予正式番号的一支正规红军队伍，是以刘志丹、谢子长为代表的革命先辈经过艰苦的斗争建立起来的一支队伍。1935年9月，鄂豫皖红二十五军长征到达陕北，与红二十六军和红二十七军胜利会师，在延川县永坪镇合编为中国工农红军第十五军团。

1935年9月27日，中共中央在甘肃省通渭县榜罗镇政治局常委会议上决定，把中央红军的落脚点放在陕北，“在陕北保卫和扩大苏区”。榜罗镇会议之后，找到方向的中央红军士气高昂，精神振奋，突破了国民党军最后一道封锁线，挥师向陇东高原东进。10月18日中共中央进入吴起镇（今吴旗县城）境内，在铁边城张湾子村召开政治局常委会议。根据当时形势和部队的实际情况，讨论了中央红军入陕后的作战方针等问题。会议决定由司令部、政治部发出训令：整顿部队，提高战斗力；与群众建立良好的关系，扩大红军，组织游击队；自己解决物质器材及过冬的衣被等。10月19日到达陕北吴起镇，胜利结束长征。在刘志丹领导下，吴起镇一带建有县、区、乡苏维埃政权，群众基础好，对红军怀有深厚感情。但因国民党军和地方团匪常来骚扰，老百姓深受其害。这次中央红军突然到来，老百姓误认为又是白军（国民党军队）来了，于是纷纷躲藏，以观动向。中央红军一到宿营地便在墙壁上、石崖上书写“北上抗日，收复失地！”“拥护刘志丹！”等大幅标语，识字人看了以后，才知道是中央红军来了。出外躲藏的老百姓都陆续回来了，吴起镇周围的县、区、乡干部和地方游击队闻讯后都纷纷前来迎接中央红军。为扩大红军的影响，解决后方的扩红和物资储备等问题，10月29日，中国工农红军陕甘支队发表《给陕北工农劳苦群众书》，一方面历数军阀马鸿宾、井岳秀、高培五和陕北的地主豪绅的恶行，对他们大加讨伐；另一方面对红二十六军的苏区工作表示赞赏。在此基础上，号召陕北苏区、白区和临近苏区的群众紧紧团结在陕甘支队和红二十六军的周围，为保卫和发展苏区而斗争。

中央红军初到陕北，这封《给陕北工农劳苦群众书》在一定程度上加深了当地老百姓对中央红军的认识，而红军也在不断以实际行动兑现自己的承诺，使得红军在这一带地区迅速建立起了威信。陕北土地贫瘠，人民生活本来很苦，但为了支援亲人，为了革命的胜利，他们连夜奋

红军西征的重要后方吴起镇

战，集中了大批粮食，驴驮人背，在陕北崎岖不平的山路上形成了川流不息的送粮大军；许多能工巧匠放下自己的活计，为中央红军精心制作御寒衣服。在吴起镇“切尾巴”战役中，周围的县、区、乡党组织和苏维埃政府、游击队、赤卫军，坚决响应党中央的战斗号令，立即派出干部、队员、群众为中央红军当向导带路；准备担架，做转运伤员的工作；战后，协助中央红军掩埋牺牲的烈士，转运缴获的战利品；中央红军离开时，赶着牲口驮运辎重，带路送行。吴起镇及周围本来人口稀少，中央红军7000多人突然进驻后，给当地人民带来了一定的压力。为了使中央红军很快渡过生活上的难关，当地群众千方百计腾出房窑锅灶供中央红军住宿做饭，主动热情地帮中央红军担水、劈柴、加工粮食、烧火做饭，采购粮食、蔬菜，伺候伤病员，在生活上提供了诸多方便，吴起镇成为红军西征的重要后方。

【长征·故事】甘南哈达铺：一张报纸定乾坤

报纸一直是人们获取信息的权威渠道。都说今天的新闻就是明天的历史，殊不知，81年前的一则新闻其实改变了历史。

诚然，红军长征中的饥饿是致命的因素。但比饥饿更致命的是——红军长征究竟要向哪里去?

长征从瑞金于都出发，最初的目的地是去湘西与贺龙的红二、六军团会合；黎平会议后改成了川黔边；遵义会议后基本确定为去川西和川西北。在1935年6月与红四方面军会师后又决定向北建立川陕甘根据地。1935年9月12日俄界会议决定继续北上，“以游击战争打通国际联系，在靠近苏联边界的地区创造根据地，以便获得援助，而后向东发展”。

这说明长征的目的地既十分明确又十分不明确。为什么这样说？原因何在？一是因为形势危急，二也说明共产党的伟大。本来，由于第五次反“围剿”失败而开始的长征，其意义先是解决生存问题。但伟大的中国共产党高举“北上抗日”的旗帜，把自己的生存与民族的生存联系在了一起。

9月20日，党中央到达哈铺后，从国民党的报纸上获得了刘志丹、徐海东领导的陕甘红军还存在的消息。这一发现，使中央领导放弃了建立川陕甘根据地的计划，决定率领红军向陕甘根据地进发。关于如何得到这个信息，共有三个版本：一说是红一军团连长梁兴初奉命找“精神食粮”，从哈达铺邮政所获得。一说是耿飚从房东处得到，于是快马加鞭地给毛泽东送了过去。一说是毛泽东在蹲茅房时一般都习惯看报纸，结果就这样看到了。

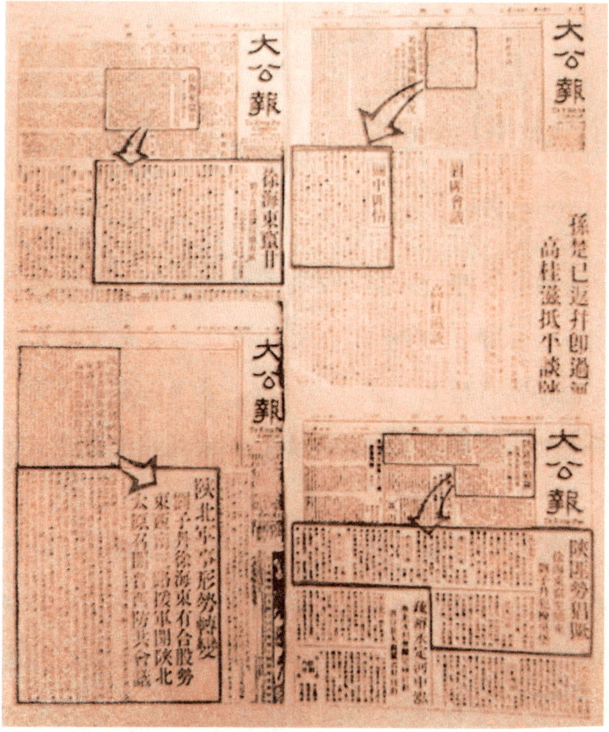
大公報

陝北共匪形勢轉變

陝匪勢猖獗

1935年8、9月国民党《大公报》复印件，就是这几份报纸决定了红军前进的方向

在哈达铺红军长征纪念馆里展示的“一九三五年八、九月国民党《大公报》复印件”中，《关中匪情》《陕北军事形势转变》等标题清晰可见。不管怎么说，正是这些“陕北还有刘志丹红军”的信息把毛泽东的目光和红军长征目的地从“到中苏边界去”转到了陕甘根据地。

由此，一首《到陕北去》的歌曲响彻陇原大地。正所谓：“一张报纸定乾坤，一个故事说到今；一段历史人人颂，陕甘有根据地存。实感念报纸新闻，哪里去有了追寻，两万五长途跋涉，落脚地由此选定。”

据2016年8月24日《兰州晚报》

【长征·故事】吴起镇“切尾巴”：红军落脚陕北第一场战斗

1935年10月19日，中央工农红军到达陕北的吴起镇。历时一年，纵横11个省，行程二万五千余里的长征，宣告胜利结束。在这个只有七户半人家的地方，中国革命史从此翻开了新的一页。下面是发生在这里的一个颇为传奇的故事。

红军刚刚停脚，便得到消息：一路尾随而来的宁夏军阀马鸿宾、马鸿逵的骑兵和原东北军白凤翔部的骑兵赶到了附近，共有2000多人，对我红军形成夹击之势。毛泽东立即电令彭德怀速来一纵队，并找来周恩来、叶剑英、聂荣臻等商量作战方案。毛泽东说：“我们疲劳，敌人也疲劳，利用吴起多山的地形，打它个胜仗，作为‘礼物’送给陕北人民。”夜已经很深了，毛泽东窑洞的灯光仍然亮着。这是中央红军长征胜利结束的最后一役，也是中央红军落脚陕北的第一场战斗，毛泽东和彭德怀仔细抠着战斗部署的每一个细节，设想可能遇到的每一个突发情况……

“以疲待疲”，不但是血与火的较量，而且是意志与体力的较量。

10月21日晨，红军在吴起镇头道川两边的山岭上和沟道里布下了伏兵，专候敌人骑兵的到来。经过艰苦卓绝的长征，毛泽东身体十分虚弱，但他仍然登上吴起镇四面的平台山，和彭德怀一起指挥“切尾巴”战斗。战斗开始前，毛泽东给警卫员说：“现在休息休息，枪声激烈时不要叫我，打冷枪时再叫我。”大家立刻心领神会，这场对敌人骑兵的战斗，已经是胜券在握了。

马鸿宾的第三十五师骑兵团率先耀武扬威地走过来。当其进入红军的埋伏圈时，彭德怀立即下达了攻击命令。顷刻间，枪声、手榴弹爆炸声响成一片，火光闪闪，打得敌人晕头转向，纷纷落马溃逃。随后东北军白凤翔的骑兵先遣团赶来，又迅即被打乱，掉头逃命。红军立即乘胜追击，利用土岗深沟，将敌人分割包围。与此同时，敌另外三个骑兵团也被同时击溃。这一仗干净利索地消灭了敌一个团，击垮三个多团，俘敌700余人，缴获一批轻重武器和战马，其中有马术教官、兽医和会钉马掌、修马鞍子的工兵，补充了红军新建的骑兵队。据说一直等枪声开始稀疏了，毛泽东才睁开眼睛，翻身起来，带着警卫员亲临前线。他举起望远镜，逐一观察着战场情况，直到枪声渐渐移向远方，判定残敌已经溃逃，才回到住地。

刚进入陕北就打了一个漂亮的胜仗，毛泽东在吴起镇简陋的窑洞里，想到彭德怀卓越的指挥才能，在历次作战中屡建奇功，不禁诗兴涌动，写下了一首六言诗：

“山高路远坑深，大军纵横驰奔。谁敢横刀立马，唯我彭大将军。”

战斗结束，彭德怀来到毛泽东住处，看到桌子上放着的这首诗。诗的第一句，恰好是他和毛泽东等在战前签发的作战命令中的一句话，只是毛泽东把其中“路险”写成了“路远”，把“沟深”写成了“坑深”。当他看到最后一句是“唯我彭大将军”时，觉得胜利不应归功于他个人，随即拿起笔来，把“唯我彭大将军”改为“唯我英勇红军”。毛泽东诗不写己，彭德怀功不自居，展现了何等的胸襟与气度啊！于是，这段改诗的佳话，在全党全军，被人们传颂了半个多世纪。“切尾巴”战斗之后，吴起人民为了纪念红军的胜利，把平台山改名为胜利山。

据2016年8月8日《解放军报》刊《红军落脚陕北第一场战斗：“送给老乡第一个礼物”》

三军会师前的历史遗墨

（一九三六年九月二十二日）

李聚奎

李聚奎

(1904—1995)

原名李新喜，湖南省安化县人。1934年参加长征，他率领红一师担负先遣任务，突破乌江，攻占遵义城，四渡赤水河，强渡大渡河，为掩护中央机关，屡建奇功。1935年8月调任红四方面军第三十一军参谋长，后任第九军参谋长，协助军长王树声克服战争中极为严重的困难，对张国焘在红四方面军搞分裂活动进行了坚决抵制。1936年北上途中，参加了土城、永昌、黎元口等战斗。西路军失败后，他千里跋涉，历尽艰险，历时近两个月，1937年2月终于找到了党中央。

驻界石铺的红一方面军先遣队负责同志：

你们九月一号来信收到，我们早已闻你们到界石铺并闻有来通渭讯，故悬念数日，至今始接到来信，不胜欢迎！

亲爱的同志们，主力红军大集西北地区，这无疑是领导和推动全国革命的中心。

目前甘南敌情，王钧在天水礼县西和一带。最近我军一部占领了成县续向徽县推进。鲁大昌被我军围困于岷城一月有余，毛炳文在陇西城及其附近。我军也有一部监视中。其余如你们所知。

致以

胜利的敬礼！

柴洪宇[1]

叶成焕[2]

李聚奎[3]

二十二日夜于通渭城

* 书信摘自《党史风华》。

1. 柴洪宇（1903—1936），又名柴鸿儒，河北大名县人，1935年任红三十九军九十三师师长，在四川名山与敌人激战7昼夜，使得主力部队安全转移。红二方面军和红四方面军会师后，部队分三路纵队开始第二次北上长征，柴洪宇率领的第九十三师属中央纵队在毛儿盖东南的摩天岭山顽强地击退了国民党军王均部，保证了主力的胜利前进。1936年7月2日，率一个半团的兵力在毛儿盖打退敌人的堵截。部队抵达甘肃眠州后，又奉命率部两次远距离奔袭抢占战略要地通渭县城，歼敌1300多名，为三大主力会师会宁创造了条件。1936年10月23日红军会师后，九十三师协同两个师，在会宁县慢牛坡设伏，同国民党胡宗南部队战斗，掩护红五军、九军、三十军和指挥部过黄河。战斗将要胜利结束时，柴洪宇头部不幸中弹，光荣牺牲，年仅33岁。
2. 叶成焕（1914—1938），河南新县人。1935年参加了红军长征，九十三师政委。1938年4月18日，为国捐躯，终年24岁。
3. 书信执笔人。

【书信·解读】

据考证，这封信是李聚奎于1936年9月22日写的。1936年8、9月间，红二、四方面军穿过草地，越过天险腊子口，到达甘肃南部的岷县。在连续突破甘南守敌的布防后，迅速开辟了两块战略区域，使红二、四方面军在甘南站住了脚跟，并在战略转移中获得了一个很好的休整时机。在红二、四方面军北进的同时，根据中央统一部署，由红一方面军组成的“西方野战军”，在彭德怀的率领下发动了声势浩大的西征战役，沿陕甘宁边界，开辟纵横800多里的新苏区。这样，三个方面军已在西北地区形成互为犄角、互相呼应的品字形战略格局，奠定了三大主力红军会师的基础，三军会师已指日可待。

中央为了顺利实现红军三大主力会师的战略目标，派西方野战军于1936年9月到达界石铺及以西的单家集一带驻扎42天，建立了中共静宁县委、县区乡等各级苏维埃政府。红色政权成立后，不断扩军筹粮，为迎接红二、四方面军北上做了充分准备。红二、四方面军长征快到静、会地区的时候，红一军团就已命令所属各部队派出侦察小分队深入沿途敌区，不断打探消息，派人给红二、四方面军先头部队送信，主动联系，互通情报，指明会师地点，加强联防警戒，保证顺利会师。为了阻击西进的国民党军，与红一方面军接应部队取得联系，红四方面军政委陈昌浩令李聚奎率九十三师以急行军抢占位于西兰公路南的通渭县。从地理位置来看，通渭县毗邻静宁县和会宁县，是红四方面军前往静宁、会宁的必经之路。

九十三师指战员昼夜奔袭，经过五天强行军，前进200余公里，于9月7日拂晓攻下通渭县城，消灭了国民党军的一个营，打通了会师之路。9月11日，驻界石铺红一师政委杨勇派当地群众任福太，从界石铺送信到通渭县城。这位通讯员乔装后拉着一头毛驴来到九十三师驻地，他从驴鞍子里取出一封信，李聚奎他们拆开一看，原来是红一方面军为迎接红二、四方面军的联络信。九十三师的指战员看了来信，高兴得几乎要跳起来，当即由李聚奎执笔给红一方面军先遣支队写了一封回信，这就是前面说的那封信。这封信，一是表达了三军即将会师的喜悦之情；

中国甘肃静县静宁界石铺工农红军长征纪念馆前的红军战士塑像

二是乐观地展望了红军三大主力齐聚大西北的革命前景；三是向驻界石铺的红一方面军接应部队通报了甘南的敌情。整封信字里行间洋溢着激动的心情。

9月30日，红四方面军四军十师到达界石铺、青江驿等地，分别与红一军团一师、十五军团七十三师会合，揭开了会师序幕。1936年10月，中国工农红军三大主力在会宁聚首，三只铁拳紧紧握在了一起，实现了胜利会师。三军大会师是中国革命走向胜利的转折点和里程碑。

这封有历史意义的书信是怎样保存下来的？通讯员带回驻通渭红四方面军第三十一军参谋长李聚奎和九十三师师长柴洪宇、政委叶成焕于22日给界石铺红一方面军的信后，杨勇十分珍视这封复信，带着它南征北战，经历了抗日战争和解放战争的漫长岁月，新中国成立后，中国革命历史博物馆征集革命历史文物时，杨勇把它献了出来，使这封十分珍贵的长征书信同广大人民群众见面，发挥着教育青年，激励人们进行新长征的巨大作用。

【长征·故事】红军驻军界石铺的趣谈

1936年9月15日、17日，毛泽东、周恩来连续两次致电朱德、张国焘，强调红四方面军务须在三日内进占界石铺及以西地段，可见在中央战略部署中，界石铺已经确定为红军长征三大主力会师的中心“基点”。

为什么毛泽东特别强调界石铺在红军三大主力会师中的重要作用呢？可能出于以下几个原因。一是当时正是深秋，黄土高原沟壑山区正好可以开展游击战，与毛泽东的军事思想一脉相承。二是界石铺地处西兰公路上的隆德、静宁、会宁、定西等的中心地段，也处于会师战场的通渭、庄浪、静宁、会宁地区的中心位置。三是界石铺与渭水及西兰大道以北一方面军所控制的大面积“红区”连为一片。可以说界石铺得“天时、地利、人和”三个条件，所以毛泽东很注重界石铺在红军三大主力会师中的中心基点作用。

据说，1936年10月2日天麻麻亮，中央红军悄悄离开了通渭县城，步行一天到静宁红寺镇时，天已经全

甘肃会宁县城门，1936年10月7日，红四方面军与中央红军在甘肃会宁会师。

黑了，红军已经走得人困马乏，筋疲力尽，其实可以在红寺住下来过夜的，但毛泽东坚决不肯，他把自己的白龙马给累倒的战士骑上，一边步行抽烟，一边风趣地给战士们说：“我们红军怎么能停在‘红寺’，一定要连夜赶到界石铺。界石铺是我们的驻军目标，界石铺就是蒋介石为我们铺路嘛。我们占领了界石铺，就能在静宁、会宁三军会师，静（进）宁会宁，这么好的名字，本来就是我们会师的地方嘛……”

据2009年4月9日《平凉日报》

给弟弟的信

（一九八六年一月二十五日）

李真

李　真

(1918—1999)

江西省永新县黄门坊村人，有着“将军书法家”“将军诗人”的美誉。1930年加入中国共产主义青年团，1932年参加中国工农红军，当时年仅14岁，1933年转入中国共产党。土地革命战争时期，他历任班长、排长、政治指导员等职，参加了湘赣苏区一至五次反“围剿”斗争和开辟湘鄂川黔革命根据地工作及龙家寨、陈家河、桃子溪等战役战斗，参加了二万五千里长征。中华人民共和国成立后，参加了抗美援朝战争。1955年被授予少将军衔。

振岐：

在一年一度的传统佳节即将来临之际，祝你和全家健康、愉快！

很长时间没有去信，当然也没有接到你的来信，可能是我上次写的长信触怒了你。我想不会因此而断绝兄弟的情感和关系。尽管我对你的要求很严厉，但兄弟之情还是依依。

党中央关于各级领导班子年轻化提出后，军委三总部都作了调整，没有给我下离休命令，但已免除了总后副政委的职务，这对我来说有好处。消除了整天迷于事务之中。现在可以余出更多一些时间看书、写字，写点回忆录或其他的文章。这样也可使过去多次负伤流血、后来多病的身体得到休息和锻炼，以较健康的身体和愉快的心情，安度晚年。有些领导同志不愿意退到二、三线，我看不少人是为权势已失而苦恼。权势对真正的革命者来说，是毫不计较的。我总是对人说，“我很愉快”！

革命者是要经常保持乐观主义态度的。

去年十月经上级批准，我到过去红军长征的路上，走了一段，还到我二、六军团渡金沙江的石鼓渡口看了看。我们过的第一座大雪山——玉龙雪山也在眼前，不过这一次没有去爬[吧]〈罢〉了！根据年龄和身体条件，恐怕也不能再爬了。但见景生情，在我二、六军团爬的几个大雪山，就牺牲了一千多位革命志士，我是幸存者，今天能来到四十八年前战友们因缺氧和饥寒交迫的情况下，而悻悻离开人世的地方。[那]〈哪〉有不动情呢？这些同志死得过早，什么也没有得到，什么家庭、妻子、儿女，那时恐怕连想都没有想过。他们的意志、勇敢、才华都很好，可惜过于年[青]〈轻〉，就失去了一切。我很感叹，在写文章中，[例]〈列〉举了一些他们的事迹。总希望在后一代起些传统教育的作用。现在党内和社会上不正之风的现象，还相当严重，不进行这些光荣传统的教育，让那些资产阶级腐朽思想和行为发展下去，我们的胜利有得而复失的危险，在我的家庭里还好，不论打击经济犯罪或清除精神污染，至今还没有发现任何劣迹。觉得也是一种宽慰。我们的后代，从小都注意了这个问题的教育和严格要求。

现在接近离休，更希望他们不要惹是生非了。如果出现为非作歹，那［对］我们精神上会受到莫大的打击。也无法使我们安度晚年。这就是我夫妇最大的希望和寄托。为这事开家庭会，谈心活动也开展，最后我们向孩子们（包括第三代）表示，在“官职”上没有权威，在家庭上还要实行父辈或祖辈的权威。

好了，暂写到这里，有什么事要我们办的，只要能办到，还是按兄弟情谊照办。请来信告之。

再祝

阖家康乐！

兄　嫂

元月廿五日

* 书信摘自2016年10月21日《中国档案报》。

【书信·解读】

从红四方面军西征开始，大约20余万红军被迫离开各个根据地，进行战略大转移，渡大河、爬雪山、过草地，前有强敌，后有追兵，九死一生，最终到达陕北的只有3万人。红军指战员多来自江西、福建、湖南、湖北等南方地区，按理说，离开家乡远征，最应该给家里写封信，报个平安，以免家人挂念。可是现在看来，长征时期留下的家书极为少见。究其原因，主要是红军撤离后，他们的家乡很快变成了国民党控制的白区，在白色恐怖的气氛下，谁敢跟家里通信呢？即使家里收到来信，也不敢保存下来。其次，部队处于运动中，行踪不定，经常打仗，死伤众多，许多人没有来得及写信就牺牲了。长征结束后，那些亲历长征的红军将士们在各个时期所留下的家书，或表达思亲念家之情，或陈述抗战救国之志，或重走长征路，缅怀牺牲的战友，一行行滚烫的文字背后是一段段不应遗忘的往事。正如1937年由丁玲等主编的《红军长征记》（原名为《二万五千里》，1942年改名为《红军长征记》）以及1977年出版的由成仿吾完成的《长征回忆录》一样，这些写于不同时期的家书，成为在历史的各个时期我们建构长征记忆的重要来源。

李真1918年出生于江西永新，少年辍学，成了放牛娃，12岁参加儿童团，不满14岁就参加了红军，一年后加入中国共产党。这个在第一次战斗中因为紧张，被军长萧克打趣说“脸蛋像烧红的砂锅”的红小鬼，在战火硝烟中逐渐成长起来。1934年8月，李真随红六军团离开湘赣苏区长征。红六军团作为中央红军长征的先遣队，转战数千里，突破敌人的多道封锁线，在黔西的乌蒙大山中回旋，强渡乌江天险和金沙江，翻越玉龙大雪山，通过阿坝草地，经过艰苦的战斗和行军，于1936年10月22日在甘肃会宁东北的将台堡与红一方面军会师。这段九死一生的磨难给有着“将军书法家”和“将军诗人”美誉的李真留下了抹不去的记忆。

新中国建立后，他多次给弟弟李振岐写信，这封信是比较长的一封。在洋洋洒洒的五页家书中，他首先告诉弟弟自己已从总后副政委的领导岗位上退了下来，而且非常高兴地接受了这次变动，并畅谈对权势的态度。其次，他用一大段文字，介绍了自己重走长征路的感悟，深情缅怀牺牲的战友。这其中，李真将军特别提到了翻越位于云南境内的玉龙雪山这段经历。1936年4月25日至28日，红军在石鼓以上

李真写给弟弟的家书

1956年，李真与家人（前排中为他的母亲，后排中为李真，右为其弟李振岐）在南京的合影

100多里的江面上，在5个渡口紧张抢渡。经过4天3夜，红军1.8万人和数百匹骡马全部过江。红二、六军团过江后，沿着金沙江东岸往北走，翻越玉龙雪山去中甸。广大指战员多是南方人，而且这是红二、六军团长征路上要翻越的第一座雪山，考验自然十分严峻。他们同红一方面军和红四方面军在川西北翻越雪山的情景一样，在自然环境极为恶劣的困难面前，不但表现出了英勇顽强的意志，还表现出了团结互助的高尚风格，征服了这座当时为人迹罕至的大雪山。当然，也有战友在缺氧和饥寒交迫的情况下，离开了人世。

这段艰难的历史对李真触动比较大，正是经过这段经历的炉炼，才会让人格外珍惜来之不易的幸福生活。因此，在书信的最后，李真痛斥腐败现象，在为中国建设和改革开放事业蒸蒸日上以及人民生活水平提高感到无限欣喜的同时，更充满了对权势和腐败问题的愤恨，因为这些可能会让来之不易的幸福生活轻易失去。而且，从这部分内容提到的经济犯罪和精神污染的问题，我们也可以清晰地捕捉到20世纪80年代的一些痕迹，显得比较有年代感。这封家书书法优美，内容丰富，情真意切，反映出一位老红军淡泊名利的人生态度，字里行间让人强烈地感受到老将军的一身正气和高尚的革命情怀。李真将军离休后，晚年身患胃癌，却一直想着“要为社会、为人民做点儿什么”。1995年，他筹款56万元捐给了永新县禾川中学兴建教学大楼，并带病到南昌参加捐款仪式。“名利无求如粪土，清廉有价重黄金。”老将军的诗句正是这种胸怀的写照。

“烽火连三月，家书抵万金。”抛家舍业，长途远征，音断书绝，喋血疆场，最终换来了和平的阳光普照大地，古老的中国再一次焕发青春。长路漫漫，初心未改。虽然长征那段血雨腥风的岁月已经离我们远去，而家书中的长征故事却没有结束。

【长征·故事】过雪山草地：铸就长征的不朽丰碑

红军长征，如果把每支部队的行军里程加起来，总共有8万里，而在四川的里程最长。

过雪山草地无疑是红军长征最为艰苦悲壮的时候。据我们的统计，红军在长征途中所翻越的雪山有73座之多，这里的雪山是指垭口海拔4000米以上的山峰，

4000米以下的都没有算。其中，在四川境内有67座，云南有3座，甘肃有3座。

从整个红军来说，翻越的第一座雪山是1935年5月下旬红四方面军翻越的红军棚子雪山，位于四川阿坝州茂文县境内的松坪沟。红军棚子雪山以前没有名字，就是因为当年红军经过这里时搭了一些窝棚，后来老百姓就把这座雪山叫作红军棚子。红四方面军发动嘉陵江战役之后，就西进岷江流域，占领了北川河谷及茂县地区。翻越红军棚子雪山是红四方面军为了迎接党中央和中央红军并与之会合。

红军翻越第二座雪山是在1935年6月，由李先念率领的部队为了迎接党中央和中央红军翻越的理县和懋功县（现小金县）交界的虹桥山。红军翻越的第三座雪山是鹧鸪山，第四座雪山是夹金山。而仅就中央红军来说，共翻越了5座大雪山，其中翻越的第一座大雪山是夹金山。

在所有红军翻越的雪山中，由贺龙率领的红二军团从四川省甘孜州得荣县到巴塘途中的藏巴拉山是红军长征翻越过的最高雪山，其垭口海拔为4904米。

尤其震撼的是，红军在极度疲惫和饥寒的情况下，创造了连续4天翻越决益涅阿、伊则涅阿等4座海拔4000米以上的雪山，堪称军事史上的奇迹。红四方面军两次翻越夹金山，3次翻越亚克夏山、梦笔山、打鼓山等4座雪山。

红军是在没有路、没有粮、没有衣物和“前有围堵后有追兵”的情况下进入雪山草地的。很多战士都来自南方，雪域高原六月天还在下雪，加上高原反应、极度疲惫、没有衣服穿和严重缺粮等因素，导致很多战士都没有挺过来。

如果说长征是一部恢宏史剧，过草地就是即将胜利前的英勇悲壮一幕。

1935年8月，红军决定北上。8月21日，红军在毛泽东等率领下开始向草地进军。由于四川草地海拔较高，天气变化快，大雨、冰雹的情况随时都会遇到，除了战士饥寒交迫和极度疲劳外，更令红军担心的是遍地都是危险的沼泽。

红军一共过了3次草地。第二次比第一次过的草地路程更远。第三次过草地路程更长、时间更久，牺牲的人更多，最严重的问题就是缺粮，野菜、皮带都被吃光。第三次过草地时，红二方面军与四方面军总计5万多人，为了解决粮食问题，部队分三路北上。若尔盖色吉坝、年朵坝等草地红四方面军3次经过。

由于极度饥饿疲劳，当年很多战士在即将走出草地到达若尔盖县班佑村时，眼前20米左右宽的班佑河再

反映红军长征翻越夹金山的油画《红军过雪山》（艾中信1957年作）

反映红军长征过草地的油画《红军过草地》（张文源 1977年作）

也无法跨过，800多名战士就长眠在了河边。而过了河就是有人烟的地方，就能够活下来。当时，已经越过班佑河的彭德怀还派了一个营去，打算将他们背过河，但是到了一看，发现这800多人基本都已经牺牲了。红四方面军在长征前有8万多人，但经过南下战斗及雪山草地，最后只剩下了4万多人，可见雪山草地的严酷。

红军在艰难困苦的条件下过雪山草地，靠的是崇高的理想、坚定的信念，坚信中国革命一定胜利，而这种精神是我们最大的财富。

据2016年10月3日《光明日报》

红军战士的一封家书

（一九三四年七月二十二日）

［**说明**］这封书信署名为“红军儿子”，因此，从落款处我们无法得知这名红军战士的真实姓名。在福建省三明市大田县党史研究室的官方博客“红色大田”上，这封家书署名为郑祥全。但郑祥全究竟是这封书信的写作者还是发现者，不得而知。从对大田县有关资料的查阅来看，在福建广播电视大学大田工作站有一位叫郑祥全的工作人员。很可能是郑祥全在纪念北上抗日先遣队攻占大田80周年之际，公开了这封家书。从书信内容可以看出，这名普通战士隶属于北上抗日先遣队的红七军团，书信写于红军攻占大田后的部队休整时间。

父亲母亲：

你们好！屈指算来，我离开你们已有三个月了。在这期间，每天不是训练，就是行军打仗，然后就是宣传发动群众起来开展革命斗争，日子过得热火朝天斗志昂扬。之所以没有半字消息给你们，一是因为我自己不识字，二是因为实在事忙，但是想念你们的心思却是时刻不曾间断。如今，部队已经从江西［展］〈辗〉转至福建，昨天，我们拿下了大田县城，今天，趁着部队休整的机会，我央求连队的文书代笔，把我这一段来的生活和思想汇报如下：

记得当初我要参加红军，你们并不同意。最后由于我的坚持，你们才勉强放手。其实，我也很理解你们的忧虑。在这兵荒马乱的年代，要养育儿子长大成人，确实很不容易，谁都会充满担忧，谁都会依依难舍，谁都期望过平安日子。只是时势不济，世道不平，哪有咱老百姓的安生日子啊？“车辚辚，马萧萧，行人弓箭各在腰。爷娘妻子走相送，尘埃不见咸阳桥。牵衣顿足拦道哭，哭声直上干云霄。”古人送儿出征的场景至今还在继续演绎，父母家人的焦虑内心做儿子的也能够详细体会出来。但是，青年是时代的先锋，是民族的希望，是国家的未来，在这危难的关头，青年就必须要有自己的担当、自己的选择、自己的作为。自觉肩负起历史赋予的伟大使命，不仅义不容辞而且刻不容缓。

我参加红军进行一个月的新兵训练后，入编在“红军北上抗日先遣队”里，我们的军团长是寻淮洲，政治委员是乐少华，参谋长是粟裕，政治部主任是刘英。为了宣传和推动抗日民族运动，调动和钳制国民党军队，减轻对中央革命根据地的压力，我们抗日先遣队的任务是：“经过福建而到浙皖赣边行动”，“到敌人的深远后方，进行广大的游击活动。在敌人最威胁的地方，建立新的苏维埃根据地”。“促使敌人进行战略与作战部署上的变更”。

为了扩大宣传效果，我们从瑞金携带了160万份宣传品，一路上我们不停地发放传单，四处刷写革命标语，一场又一场地召开群众大会，大张旗鼓地制造北上抗日的声势，极大地激发了沿途群众的革命激情和爱国热情。昨天，我们攻占了大田县城，这是先遣队成立以来攻下的第一座县级城市。大田是福建中部的一座山城，虽然县城面积不大，但是对于先遣队来说，攻下它意义非凡。所以我们都很兴奋，把几天来的行军疲惫也消散殆尽了。这次战斗，缴获了十余支步枪、无线电台和电话机各一部、食盐万余斤。之后，还召开了贫苦农民的群众大会，开展打土豪斗争，没收了几家富豪的粮食及财产，分发给贫苦农民。

父亲母亲：我还想告诉你们一件事，就是在昨天的攻城战斗中，我们也有几位战友牺牲了。二十来岁的小伙，活蹦乱跳的青年，突然间倒下后就起不来了；激情奔放的青春，活力四射的生命，倏忽间戛然停止了；相亲相爱的同志，英勇顽强的战友，转瞬间不告而别了。这是怎样的一种残酷？战友、家人、亲戚、朋友，谁都不愿意接受的事实，但它发生了，就在我的眼前发生了，真是情何以堪？“古来征战几人回？”为了人民的幸福安康，我已经做好了牺牲自己的准备。父亲母亲，你们也要做好随时献出儿子生命的思想准备啊。假如有那么一天，你们的儿子也和战友一样，热血洒落在疆场上，你们一定要坚强坚强再坚强啊。“人生自古谁无死”，但人的死要死得其所，死得有价值。虽然，儿子也希望能够天天守护在你们的身旁，陪着你们数星星赏月色。但是，没有国的强盛哪有家的安宁？为了国家的强盛和人民的安康，让我们共同努力吧！我为自己是红军中的一员感到骄傲，请你们为有这样的儿子感到自豪。

恭祈

父母万安！

红军儿子敬上

1934年7月22日

---

* 书信摘自中共大田县委党史研究室官方博客“红色大田”。

【书信·解读】

1934年夏，日本侵略军加紧准备侵占中国华北地区，中央革命根据地第五次反“围剿”陷入困境。在此形势下，中共中央为宣传和推动民族抗日运动，牵制和分散国民党军队，减轻敌人对中央革命根据地的压力，决定以红七军团组成北上抗日先遣队，由军团长寻淮洲、政治委员乐少华、参谋长粟裕、政治部主任刘英率领三个师和中央一个随军工作团。北上抗日先遣队孤军深入敌后，转战闽、浙、皖、赣四省，历时6个月，行程5600多里，进行了30多次战斗，对于宣传共产党抗日主张、推动抗日运动发展，扩大党和红军的影响，以及策应中央红军主力战略转移，都起到了积极的作用。

在北上途中，大田县是红军北上抗日先遣队攻下的第一个县城。抗日先遣队在县城驻扎了三天，指挥部设在西门原育智小学。三天时间里，红军大张旗鼓地开展北上抗日宣传活动。到处刷写革命标语，分发传单，宣传抗日救国道理，揭露国民党政府的不抵抗政策。与此同时，红军还广泛宣传党的土地革命纲领，组织农民打土豪分田地。经过宣传发动，大田掀起土地革命高潮，红色区域迅速扩展，出现了大田儿女纷纷踊跃参军参战的热潮。北上抗日先遣队的这一系列活动，得到大田广大人民的拥护，大田

大田土堡

人民积极为红军筹粮筹款，照顾伤员，从人力、物力、财力上为红军提供强有力的后勤保障。

由于大田是北上抗日先遣队攻下的第一个县城，广大红军将士的喜悦之情溢于言表。书信中的红军战士刚刚离开父母参军三个月，思念之情和喜悦之情交织在一起，尽管自己不识字，但丝毫挡不住跟家人汇报和分享喜悦的迫切心情，因此，央求部队文书代笔写下了这封给父母的家书。由于书信是文书代写，整封书信在文笔上显得不太符合这位文化程度不高的普通战士的身份，但我们依然能够从中捕捉到这名战士的内心世界。书信以生活和思想汇报的形式，向父母介绍了自己参军后的生活状况，以及北上抗日先遣队的行军和作战情况，字里行间洋溢着积极向上和敢于担当的精神。从这封信里，作为一个读者完全可以体会到一名新兵刚刚取得胜利后的激动和兴奋之情。那种情绪就像一个小学生考了一个好成绩，迫不及待地要告诉父母一样，让我们真切地感受到年轻的红军战士蓬勃的朝气。另外，在书信的最后，这名红军战士提到了自己战友的牺牲，“二十来岁的小伙，活蹦乱跳的青年，突然间倒下后就起不来了”，那一刻，也许他的内心是有些害怕的。但是，在表达自己的惋惜和不舍后，他以超越自己年龄的口吻，超然地看待生死问题，把生死置之度外，体现了革命战士那种牺牲小我成全大我的无私奉献精神。这虽然是一封普通的家书，但对研究北上抗日先遣队的历史有着很高的价值。书信中提到了一些北上抗日先遣队的行军和作战情况，包括北上的任务、沿途的宣传工作以及攻占大田后打土豪分田地的盛况，完全可以称得上是当时整个

紅色中華
第二一九期
中共中央委員會 中央人民委員會關於在今年秋收中借谷六十萬担及征收土地税的决定
打勝仗迎接战斗的「八一」！
東方軍佔領大田縣城
紅四方面軍又打勝仗

1934年7月26日，《红色中华》报道红军北上抗日先遣队攻占大田县城的消息

红军队伍工作的缩影，具有一定的史料价值。

无数的先烈，他们为中华民族解放不怕牺牲、不畏艰险的奉献精神不仅在战斗中绽放着，也在一封封感人肺腑、催人泪下的家书中散发着永不磨灭的光芒，从这封红军家书中，我们感受到红军战士作为儿子对家的眷恋和对亲人的愧疚，但是他却对得起自己的信仰，对得起党和民族，他在大是大非面前，选择了为革命抛头颅洒热血，选择了对党的信仰坚定不移。今天，我们依旧要用长征精神中的这些红色家书为实现“两个一百年”来指引航程。多学习一份红军家书，推进中国特色社会主义伟大事业和全面推进党的建设就多了一份凝聚力，多学习一份红军家书，就有助于全体党员能更好地重温党史，坚定不移地跟党走，全面建设好我们强大的祖国。

【长征·故事】红军北上抗日先遣队攻占大田纪实

1934年7月7日，红军北上抗日先遣队从江西瑞金出发，经长汀、连城直奔永安，在永安小陶镇与掩护抗日先遣队北上的红九军团会合后，商定沿途攻占大田县。7月17日，抗日先遣队由永安市西洋进入大田桃源，经桃源、黄城东进宿营上京。7月19日，抗日先遣队不费多少周折便占领了大田县城，缴获步枪10余支，无线电台和电话机各1部、食盐万余斤。抗日先遣队在县城驻扎了三天，指挥部设在西门原育智小学。三天时间里，大田县经历了翻天覆地的变化。

红军大张旗鼓地开展北上抗日宣传活动，到处刷写革命标语，分发传单，宣传抗日救国道理，揭露国民党政府的不抵抗政策。高才坂村民刘曰鸿曾积极协助红军张贴色纸印刷的《中国工农红军北上抗日宣言》《先遣队告农民书》等五种传单。与此同时，红军还广泛宣传党的土地革命纲领，组织农民打土豪分田地，在文庙召开群众大会，没收几家富豪的粮食以及财产，分发给贫苦农民；在凤凰山、白岩山、霞山烧毁了民团炮楼。经过宣传发动，大田掀起土地革命高潮，红色区域迅速扩展，出现了大田儿女纷纷踊跃参军参战的热潮。

红军为大田群众排忧解难。当时，大田城关因连日滂沱大雨，洪水上涨，红军战士积极帮助城里的群众救灾，协助将要受淹的贫苦农民搬迁，并送饭接济，帮助群众渡过难关。洪水上涨，群众出现饮水困难时，红军战士突击在玉田村挖了一口井。玉田乡老百姓十分感激红军，把这口井称为“红军井”。

红军占领大田县城后，“围剿”中央苏区的国民党东路军总司令蒋鼎文立即调集两个旅的兵力向大田扑来，企图堵截红军北上与围歼红军。7月23日中午，抗日先遣队的先头部队要从高才坂过河，适遇洪水暴涨。红军部队抽出19名战士带一条大棕绳泅水过河，将绳子一端系在枫树头，另一端系在木桩上，然后一个个战士攀援凫水过河。这样渡河严重影响了行军速度。当地群众见红军要过河赶路，就借出杉木扎成木排，连接成行，上面横铺木板、门板等作桥面，搭成临时浮桥，让红军顺利过河。红军离开高才坂前，许多群众赶来相送，依依惜别。

抗日先遣队北上抗日得到大田县人民的拥护。三天时间内，大田人民积极为红军筹粮筹款，照顾伤员，从人力、物力、财力上为红军提供强有力的后勤保障。红军北上抗日先遣队需要粮食做干粮，大田群众为红军提供大米、粗粮3万多斤。三民乡（今建设镇）乡民林景地悉心照顾负伤战士被传为佳话。其间，有一名红军战士病逝，林景地出资购买棺木将其安葬在附近官山。此后，林家三代每年都为红军烈士扫墓。当看到连日阴雨红军无法找到干柴，几百战士煮饭成了问题时，他当即卸下门槛破成木柴供红军烧火煮饭。大田百姓就这样对红军倾囊相助，付出质朴的热爱，谱写一曲拥军颂歌。

大田百姓送走了红军北上抗日先遣队，接着执行护送抗日先遣队任务的红九军团，把抗日先遣队护送渡过了闽江。红九军团返回苏区途中满载而归，红军挑着缴获的弹药和食盐等，战斗队变成了运输队，军团的首长都不骑马了，马上驮的也是物资。为了尽早把战利品送到军委兵站，红九军团冒着酷热阴雨，长途连续行军。8月20日，抵达大田县城西郊只宿营一夜，就继续赶路，终于在8月28日，抵达连城姑田，把缴获的4000多箱火药、3万多斤食盐及其他战利品，完整无损地移交给军委兵站，顺利地完成了护送任务。

据《炎黄纵横》2014年第12期

给父亲的信

（一九三四年六月二十四日）

吴泽明

吴泽明，生卒年不详，从书信可以推断，吴泽明是江西人。写信时，刚刚离家参军两个多月，在红二补充师干部队训练军事三班当兵。此信写于1934年6月24日，正值中央苏区第五次反“围剿”时期。

父亲大人膝下：

我［对］于家中离别有两个多月之［去］〈久〉了，不知家中人口安否？我在■县操箕窝扎落，写了两封信回家，不知父亲未曾收到。希望你送些〈包〉裹来西，我时望不断，没有送来。我调在红二补充师干部队训练军事三班。希你接信后快送袍服一［只］〈件〉，油纸一［早］〈函〉，乌线一［速］〈束〉，白线一［速］〈束〉，箍的菜盆子一只。乌白的布瑞子多少纸洋，三九深虎口的鞋一双。希你接信后迅速送来操箕窝，〈我〉在这里训练的日子不久了，袍服家中没有向我大姐借一［只］〈件〉。望我同胞不要挂念，现我身体非

〈常〉之强健，不知同胞身体平安〈否〉？笔不尽言，完了。

此致

敬礼！

吴泽明 字

哥哥清流保存

父，才珊

34年6月24号

粉碎敌人五次“围剿”，争取江西革命胜利

【书信·解读】

自1930年冬到1933年夏，蒋介石在江西连续发动四次对中央苏区的“围剿”，均告失败。他接受了过去的教训，改弦更张，放弃了长驱直入的作战方式，调整部署，采取“稳扎狠打，步步为营，修碉筑路，逐步推进”的办

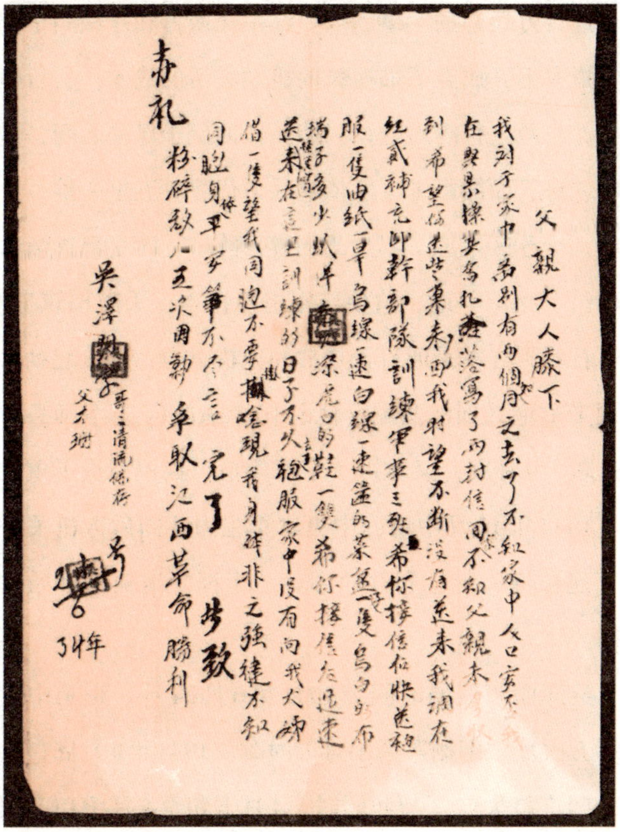
父親大人膝下
我到了家中离別有兩個月之去了不知家中人口安[illegible]
在[illegible]県操場[illegible]落寫了兩封信回不知父親未[illegible]
到希望你送些菜來而我时望不斷沒有送來我调在
紅武補充師幹部隊訓練軍事三班希你接信后快送袍
服一[illegible]
[illegible]
送來在這里訓練的日子不少袍服家中[illegible]向我大姊
借一[illegible]望我同胞不要[illegible]現我身[illegible]非之強[illegible]不知
同胞身体平安筆不[illegible]完了 此致
粉碎敵人五次围勦 爭取江西革命勝利
赤礼
吳澤明
[illegible]

吴泽明给父亲的信原件

法，企图构成包围圈，断绝苏区物资来源，迫使红军进行阵地战来比力量拼消耗。而这时的红军已失去了以毛泽东为首的正确领导，被王明等“左”倾教条主义者所把持，红军最终被逼上了远征的道路。1933年9月下旬，蒋介石调集大军，对红军各根据地发动了第五次“围剿”。他任命顾祝同为北路军总司令，以陈诚为北路军前敌总指挥，率领第三、第六两路军由北向南进攻苏区；同时以重金收买陈济棠为南路军总司令，出兵两个军封锁江西、广东边境。以所谓政治围攻、文化围攻、经济围攻、交通围攻，配合近百万兵力的军事围攻。红军在博古和洋顾问李德等人的指挥下，放弃了最擅长的机动灵活的战术，实行短促突击，与敌人打阵地战，只能局促回旋于堡垒之间，造成被动之势。而国民党军队依靠兵力优势，五里一推，十里一进，给苏区增加了不少的困难。陈诚、薛岳部逐渐占领了广昌、兴国等地，迫使红军退至白水、头陂构筑工事。蒋介石看到红军采取打正规战和他拼火力，越发起劲。他又调来重炮兵到江西配合他的10个纵队近30个师兵力加紧进攻，9月底，又攻占了宁都等地，红军遭受了重大损失。1934年10月中旬，中央红军主力连同后方机关分别从福建长汀、宁化和江西瑞金、于都等地被迫开始突围长征。

吴泽明写信的时间为1934年6月24日，正是中央苏区第五次反“围剿”最困难的时刻。1934年4月底，苏区北大门广昌失守。与此同时，4月下旬至5月中旬，国民党军东路军加紧进逼建宁，相继占领太阳嶂、将军殿、弋口、挽舟岭、江家店。5月16日，东路军在北路军和空军配合下攻占建宁。南路军于5月上旬占领筠门岭要塞。6至7月间，红军在古龙冈以北地区进行了反击作战，均未能阻止国民党军的进攻。在苏区范围被不断压缩的情况下，蒋介石断绝苏区物资供应，力拼消耗的战术基本上奏效。苏区发生了严重的供给困难，吴泽明的信就是写于这样一种背景。因此，吴泽明的信除了向家人问平安和报平安外，主要是让家人送些袍服、油纸、乌线、白线、菜盆子以及鞋子之类的基本物资。从信中还可以看出，吴泽明在写这封信之前曾经写过两封信回家，让家人送些药品，但因为种种因素，并没有收到，信中流露出着急和盼望之情。

这封信对于研究中央苏区第五次反“围剿”的历史，乃至中央苏区后期的历史都具有重要的史料价值。在国民党对中央苏区的第五次“围剿”中，蒋介石采取了“三分军事，七分政治”的战略，除了对中央苏区进行军事进攻之外，更重要的是断绝中央苏区的大后方，从根本上给中央苏区以致命打击。中央苏区在第四次反“围剿”结束后，虽然疆域、人口都有一定的增长，但苏区原本属于经济落后地区，加上长期的战争，物资消耗很大，而且苏区处在国民党统治区的四面包围之中，许多重要的物资如食盐、药品、布匹等不能自产或产量很少，需要从国民党统治区输入。蒋介石严厉要求各地各部队“要按照一切封锁的办法，严密实施”，“如果哪一个官兵，有放纵或偷运食盐接济土匪，或是有哪个老百姓奸商和土匪勾结卖东西给土匪的，这种人比土匪还要可恶；我们一定要当作是我们最毒的敌人，比对土匪还要严重来处置他！”为了彻底摧毁苏区和红军，蒋介石在大修碉堡的同时，还利用碉堡和公路组成的封锁网，在地域上划分为“全匪区”“半匪区”“邻匪区”等，对中央苏区进行严密的封锁，先后颁布有《匪区封锁办法》《匪区食盐、火油、药材、电器封锁办法》《粮食统制办法》等十余种法令，并汇集成《封锁法规汇编》，“通令各部队遵照法规，严厉执行封锁”。上述办法规定，粮食、食盐、火油、中西药品、布匹、服装、军用品、燃料等，以官督商办为原则，以县、区、联保主任及当地士绅组织公卖委员会，下设公卖处，负责货物的购进、运销事宜。公卖处有运输凭证，凡偷运或“济匪”者，轻者没收货物并罚款，重者判处徒刑甚至死刑。另外，土地革命之后，根据地的内部已无土豪可打，国民党军的堡垒政策又使红军无法到根据地外去打土豪筹款，所以反“围剿”战争的后勤供应，全都来自根据地群众的负担。而由于大规模的“扩红”，农村青壮年劳动力大量减少，留在乡间从事生产的群众负担相应加重。根据地的群众既要承担繁重的支前和优待红军家属任务，又要承担大量的生产任务，负担日重。实际上，红军长征前夕，面积所剩不大、人口所余不多的中央苏区，已出现了粮食、食盐和其他生活必需品严重短缺的局面。吴泽明的信件是研究这段历史最好的佐证。以往，我们在关注这段历史时，更多从军事角度去理解第五次反“围剿”的困难程度，从军事角度去研究第五次反“围剿”失败的原因，吴泽明的这封信件丰富了这段历史研究的维度和视角。如果能多发掘一些这样的信件，对于改变历史研究过于依赖中央文件的现象是一件好事，有助于传统革命史研究范式向新革命史研究方式转变，眼光下沉，使历史变得更加有血有肉。

李德（1900—1974），奥地利人，共产国际派驻中国的军事顾问，原名奥托·布劳恩，笔名华夫。李德是红军长征史上一个不可忽略的名字。他作为一名来自国外的共产党人，不仅同中国红军一起亲历了二万五千里长征，更是这一历史壮举的重要决策人和初期的主要指挥者。正是由于他在指挥红军作战中推行“左”倾教条主义的战略战术，反对游击战，使红军第五次反“围剿”招致失败，红军被迫进行战略转移，并在长征初期付出惨重代价。

【长征·故事】李德对毛泽东从嘲讽到折服

李德与毛泽东初次接触后，便对这位身材修长的中年人印象不佳。他感到毛泽东不修边幅，沉默寡言，总是“保持一种威严而又谨慎的态度”。后来接触多了，又对毛泽东但凡在讲话中，频频引用中国古籍中的警言妙句感到不解和困惑。李德称之为“引用中国历史上哲学家、军事家和政治家的格言”。他不久就发现，“毛在中央苏区有着广泛的群众基础”。毛泽东接地气，有人缘，这使他对毛泽东的影响力不敢等闲视之。

离开江西苏区时，李德与项英进行了一次谈话，所及内容乃是对毛泽东的“担忧”。正是基于这种“担忧”，长征出发前在决定高层干部的去留名单时，毛泽东与何叔衡、瞿秋白等一样被留了下来。消息传出，许多人出来为毛泽东说话，要求毛泽东随军转移。他们转念一想，毛泽东在江西苏区根基很深，如真把他一人丢在这里，岂不是“放虎归山”？与其这样，还不如把毛泽东放在眼面前，也便于观察，便于防范。毛泽东就这样加入了长征的队列。

长征出发时，毛泽东就一直“打摆子”即疟疾，高烧不退，只能躺在担架上。黎平会议后，毛泽东的建议为大多数人所接受，气也顺了，高烧也退了，人也越发显得精神。相反，李德在建议被否决后，心中窝囊，也打起了摆子，发着高烧。毛泽东原打算在最好对付的滇军地盘上渡江北上，可计划不如变化，北上不成又折回贵州。站在一旁观察的李德冷嘲热讽道：“以至经过某些村镇，达两三次之多。”

不过，据索尔兹伯里在《长征——前所未闻的故事》中称：“在此之后的长征途中，李德就成了一个旁观者。”这样一个“旁观者”的头脑，一刻也没有空闲。他对部队不是“勇往直前”地走直路，却总是“在一条弯弯曲曲的路线上行进”，总是尽量地“回避任何大仗”，感到不可思议。直到南渡乌江，佯攻贵阳，直逼昆明，突然出现在金沙江畔，他才清醒些许，再也不抱怨走了许多冤枉路。红军渡过金沙江后，他也一改以往的态度，不无公正地说：“渡过金沙江以后，在战略上形成了一种新的比较有利的局势。首先是摆脱了蒋介石的追击部队，通往北方的道路畅通无阻了。现在的问题就在于，敌人企图逼迫我军继续向西、向不毛之地的西藏高原移动，我们不能让敌人得逞，而要尽力回到汉族居住的中国内地去。我们所做的这个军事决定正是为了这个目的，它的正确性以后也为二、四军团（应为二、四方面军）的痛苦经历所证明。”一口一个“我军”“我们”，此时的李德已真心地融入这支队伍之中，也多多少少折服于毛泽东的军事才华。在懋功与四方面军会师后，李德看出了会师后的危机。一天，四方面军参谋长李特与李德吵了起来，几乎要动武。原来，二李之争是因为李特来传达张国焘的命令，要把四方面军的同志带走，不再北上了。李德不许他胡闹，要拉他去见毛泽东同志。并再三说明，北上抗日是正确的方针，不经毛泽东同志同意，任何人不得擅自把部队拉走，而李特执意不去见毛泽东同志……

长征胜利到达陕北后，李德曾帮助红军训练了一支骑兵，接着被派往红军大学任教。1939年秋李德回到苏联，1948年回到东德。1974年8月，他病逝于柏林。

据2016年7月8日扬子晚报网

给母亲的家书

（一九三七年七月五日）

黄秉星

黄秉星（1914—1957），江西石城人。在江西苏区参加红军，后在红三军团当兵，参加过著名的石城阻击战。据黄秉星的儿子黄外国和黄国传介绍，黄秉星在作战中小腿负伤致残留在家里，以致没能随红军队伍参加长征，成为其人生憾事。休养期间为躲避国民党追捕，黄秉星就躲在自家屋后一处名为麻碑石的山岩里养伤，伤好后回家，就给人家做短工养活家里，至新中国成立之初才娶妻生子。

黄从隆：

[对于]母亲大人，不要叨念，小儿在前方最光〈荣〉快乐过日。母亲大人叨意[1]。小儿最自强，消灭敌人五次“围剿”。如有田中一事，要派人做好，不有[2]困难。如有，要你大人写回信来，我在前方三军团十五师十五团第一营第二连〈做〉特斗员工作，为要。

此致

黄秉新[3]

七月五号

---

* 书信据江西石城县革命烈士纪念馆。

1. 客家方言，牵挂之意。

2. 客家方言，不怕之意。

3. 该信署名为黄秉新，据考证，黄秉新实际上叫黄秉星，由于黄秉星文化程度不高，所以书写有误。

【书信·解读】

2002年3月，家住河东村村里组的黄外国、黄国传从拆掉的祖屋土墙里发现了一个油纸包。拆开一看，里面是用宣纸写的信，信有些已发霉、发黄，字迹模糊不清，一共4封，落款是黄外国、黄国传的父亲黄秉新。为慎重起见，兄弟俩先找来家谱一一查实，家谱是这样记载的：秉星字亮大，民国三年甲寅八月十六日生，公元一九五七年丁酉二月廿一日殁……生子二：国外（外国）、国传分出继胞弟秉和……随后，黄氏兄弟又向左邻右舍进一步核实。同时，黄外国、黄国传联想到小时候，父亲常讲自己在红军长征前在广昌与石城交界的贯桥、驿前（苏区时期为石城管辖）打过仗，由于右小腿负伤致残被迫留在家里，没有随红军队伍长征，红军还留了三块银元给他治病的事情。经过反复核实，黄外国和黄国传确认黄秉新就是自己的父亲黄秉星。发现红军家书后，有民间收藏家向黄外国、黄国传兄弟俩高价收购，均被谢绝，这些信件最终赠给了江西石城县革命烈士纪念馆。

黄秉星共写过四封信，这里选取了相对比较清晰的第一封信，写于1934年7月5日。石城县革命烈士纪念馆馆长陈春阳讲，黄秉星的信是1934年7月他在红三军团当红军、参加石城阻击战时写给家里的“红军家信”。根据相

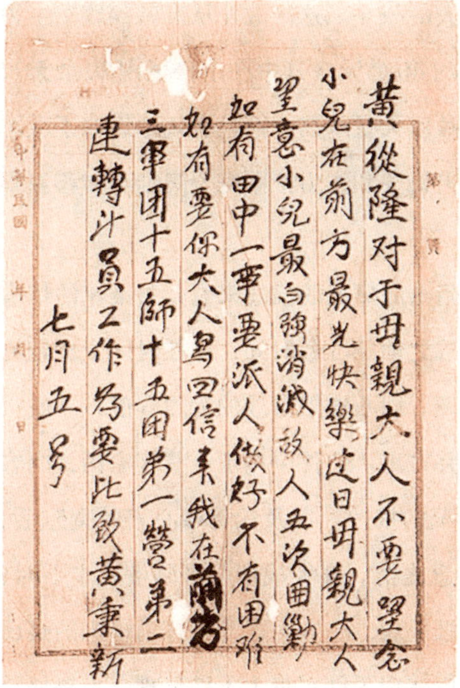

黄從隆对于母親大人不要望念
小兒在前方最光快樂过日母親大人
望意小兒最勾強消滅敌人五次围剿
加有田中一事要派人做好不有困难
如有要保大人要回信来我在前方
三軍团十五師十五团第一營第二
連轉汁員工作為要此致黄秉新
七月五号

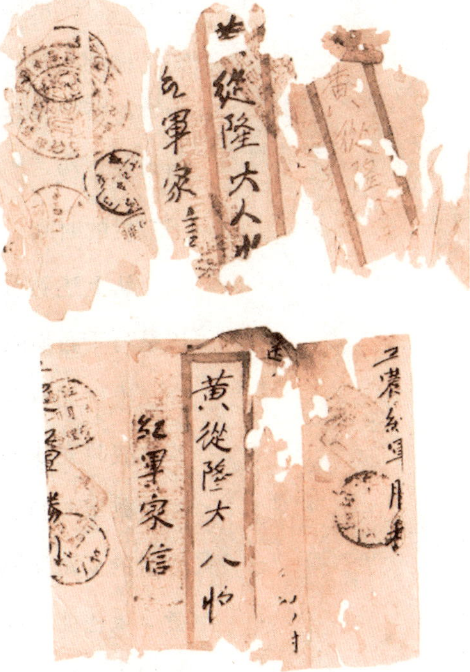

关资料，石城阻击战的发生时间是1934年9月，共持续12天。由于“左”倾领导人错误的军事路线，在敌军“步步为营、堡垒推进”的战术面前，红军根据地的范围越缩越小。1934年4月28日，苏区北部的重要门户广昌县被敌占领。8月30日，与石城毗邻的广昌驿前陷入敌手。至此，在红都瑞金北部就剩下石城这最后一道“屏障”，为了阻滞国民党军队向中央革命根据地中心地域的进犯，保障中央机关和中国工农红军主力部队的安全集结与转移，中央革命军事委员会主席朱德令彭德怀（军团长）、杨尚昆（政治委员）率领红三军团在石城北部设防阻敌。石城阻击战，是红一方面军长征前夕，在中央苏区北线战场进行

和黄秉星家信同时发现的还有3个信封，其中有2个信封上盖有邮戳，一个邮戳上还刻有“红军三军团分局”等字样，边缘还有党徽标志。这些信件，也见证了江西赤色邮政的发展，并提供了有力的证据。（见上图）

的最后一次规模较大的战斗。这次战斗从准备到红军主力完全撤离石城，历时40余天（其中在小松境内30余天），它不仅给了进犯之敌以大量杀伤，而且有效地迟滞了敌军南犯的步伐，为中央机关和主力红军完全集结与转移赢得了宝贵的时间。

从上述对石城阻击战概况的描述来看，黄秉星的信应该是写于石城阻击战之前的准备时间，这在时间上比较吻合，也更加符合常理。以石城阻击战的激烈程度，一般很难在战时完成书信并寄出。信件中用了一些客家话，内容是黄秉星对自己近况的描述，以及让母亲心安的宽慰话，传递的是浓浓的思念之情。在大战即将来临生死未卜时，黄秉星还能如此积极乐观，一方面是为了打消母亲的疑虑和担心，另一方面也体现了红军将士不畏艰难、不畏牺牲的革命精神。另外，信中还极为关心田中生产一事，嘱托把家里的事情安排好。这封信件连同其他三封，进一步佐证了1934年的石城阻击战，是由彭德怀、杨尚昆指挥的红三军团和彭绍辉、肖华的红十五师（少共国际师）等红军部队参战。另外，这些信件，也见证了江西赤色邮政的发展，并提供了有力的证据，其作用意义重大，可以说史料收藏价值连城。

一封家书，一份情怀。参加二万五千里长征的只是红军将士，但实际上，之所以能够取得最后胜利，除了红军将士发扬牺牲小我为大我、公而忘身、国而忘家的崇高精神以外，还少不了千千万万个红军将士家庭的支持以及为此所做出的巨大牺牲。从某种角度说，长征胜利是因为凝聚了全民族的力量。而一封又一封长征将士写给亲人的家书，不忘牵挂父母、叮嘱妻子、教育儿女，充分地体现了他们对家庭的责任与担当，这是一种爱家庭、爱家人的深深情怀。在战争年代，这种情怀既是人性的本质，更是激励红军将士不畏艰难、勇往直前的精神动力。在漫长的长征过程中，涌现了无数感人肺腑的事迹，但人们往往关注了那些“大人物”，而忽略了其中的“小人物”。实际上，这些“小人物”才是长征胜利的根本，在一封封家书里面散发出的情怀，让长征显得更加有血有肉。

【长征·故事】烽火石城——石城阻击战

历史将会永远铭记，1934年10月9日至10月12日，红三军团第四师、第五师、第六师在总指挥彭德怀率领下，少共国际师在师长彭绍辉、政委肖华的率领下分别从石城屏山、横江、洋地撤离战场，开向于都河边集结，开始了二万五千里长征。他们带着石城阻击战的胜利成果，带着石城人民的深深祝福，踏上了北上抗日的征程。

在第五次反“围剿”的战役中，红军遭受重大损失，中央革命根据地只剩下石城、瑞金、于都、兴国、宁都几个县。1934年8月，国民党调集十万大军从广昌

石城阻击战纪念园

压向石城，企图攻破石城，夺取瑞金。为阻滞敌军南犯步伐，为中央红军集结转移争取时间，中革军委主席朱德电令红三军团进入石城阻击敌人。红三军团总指挥彭德怀指令第五师首先进入广昌与石城交界的高虎脑和王土寨高地，卡住广昌进入石城的要道。这里群山连绵、易守难攻，是广昌进入石城的必经之地。国民党大军在飞机、大炮的协助下，对高虎脑、王土寨两个高地发动猛烈进攻，战斗进行得异常惨烈。红五师进行了英勇阻击，在杀死杀伤敌军1000多人后，奉命撤出战斗，退守石城北部小松中华山、分水坳一带。为确保中央红军有充足的准备集结转移时间，中革军委主席朱德再次电令红三军团在小松分水坳至石城县城以北五十华里纵深地域设置三道防御线，阻击敌军到9月底。为加强石城的战斗力，中革军委电令红一军团十五师（少共国际师）、闽赣军区独立七团、独立十一团开赴石城增援。

红三军团指挥部设在石城分水坳，总指挥彭德怀主持召开军事会议，布置作战方案和具体任务。第一道防御线为中华山、分水坳、桐江一带，第二道防御线为小松、际脑、鹅颈坳、石榴花寨一带；第三道防御线为李猎石、塘子岭、西华山、仙姑岭一带。

1934年9月26日拂晓，敌军向红军第一道防御线发动总攻。红三军团和少共国际师进行了英勇顽强的阻击，激战两天共击毙击伤敌军1000多人，击伤敌旅长1名，随后红军奉命撤出战斗，退守第二道防御线。

1934年10月3日，敌军向红军守备的第二道防御线发动猛烈进攻，红三军团及少共国际师运用灵活战术与敌军周旋，在造成敌军一定伤亡后，奉命退守第三道防御线。

1934年10月6日，敌军向红军守备的第二道防御线发动了更为猛烈的进攻，红三军团及少共国际师击退了敌军多次进攻后，中革军委电令石城阻击战已胜利完成阻击任务，红三军团及少共国际师撤退到石城南部的屏山、横江、洋地补充给养，补足兵员，随后从这里踏上了长征之路。

历时三个多月的石城阻击战圆满完成了任务，具有极其重要的战略意义。它不但杀死杀伤了大量的敌军，更重要的是有力阻击了南犯之敌，有效地拖延了敌军的前进步伐，为保证中央红军的集结、长征转移争取到了宝贵的时间。

杨村坊式亭的青石条上还残存有战火的烙痕，际脑山峦上的炮弹坑成了历史的见证，李猎石峭壁上先辈们的血迹已被青苔覆盖，历经千年风雨的宝福塔上的楼槛也在敌军的炮火中烧毁。

但是历史不会忘记，共和国不会忘记，人民不会忘记。在阻击战中英勇献身的红军指战员，为阻击战付出了巨大牺牲和贡献的石城人民，在共和国的历史上树起了一座永恒的丰碑。

据2008年4月5日《赣江源报》

红军战士给父母的家书

［**说明**］这封书信并没有署名，可能因为书信保存的原因，红军战士的署名被损坏了。但从信封看，这名红军战士应该姓刘，其父亲为刘环生。写信的信纸上有“红军二方军第四师政治部用笺”的字样，说明这名刘姓红军战士所在的部队应该是红二方面军第四师。从信封上的地址还可以判断出，刘姓红军战士应该是贵州江口县人，写信地址则是在陕西省富平县装（庄）里镇。

父母亲二位大人鉴：

敬禀者！

自儿出门转瞬间就是三年了，也没给二位大人一幽〈函〉，也不知二大人的身体如何，想二大人的身体是很康健的，儿在外为国家出力，也不能在外■常问安，儿想现在为阶级为中华民族谋解〈放〉。

---

* 书信收藏于遵义会议会址纪念馆。

【书信·解读】

上述书信虽然署名为“红军二方面军第四师政治部”，但从收件人的姓名和写信的口吻来看，应该是一名刘姓的普通红军战士写给父母的家书。有些材料认为这封信收藏在遵义会议会址纪念馆里，但此信并不是红军长征转战遵义时红军战士写给父母的一份家书。从信纸上“红军二方面军第四师政治部用笺”的字样来看，这张信纸是来自红二方面军，而红二方面军成立于1936年7月5日，是红二军团、红六军团在战略转移到达四川与红四方面军会师后，根据中央军委的指示，和红三十二军合编而成。

署名“红二方面军四师政治部”的红军战士家信原件

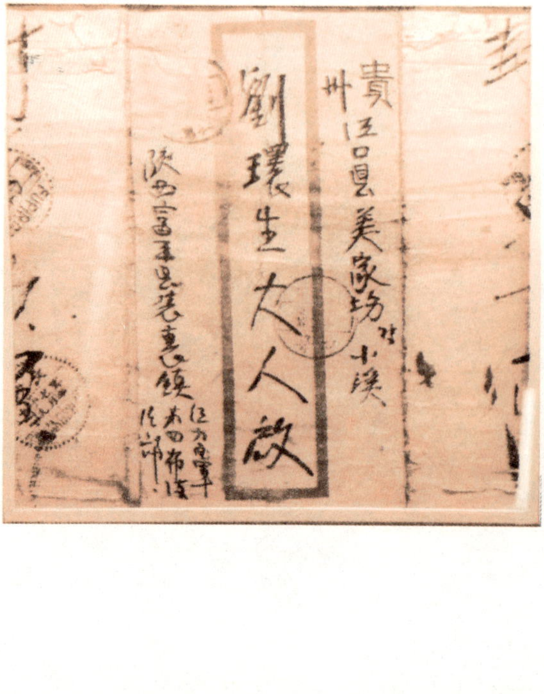

劉環生大人啟

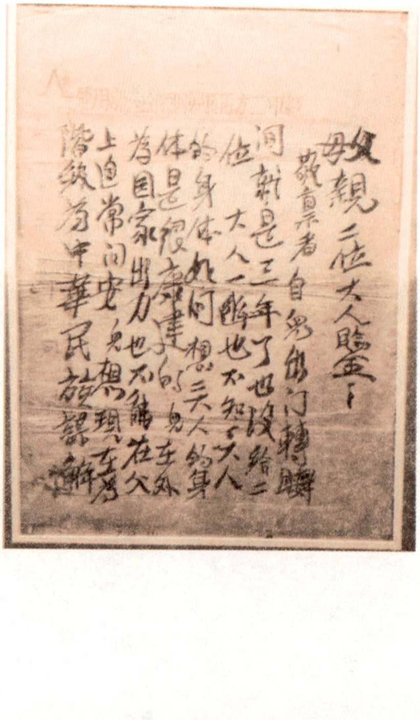

父母親二位大人膝下

也就是说，只有在红二、六军团到达四川后才可能会有“红二方面军”的说法，红军战士在遵义时写的书信不太可能出现“红二方面军第四师政治部”的信笺。另外，从信封来看，写信的地址是陕西省富平县装（庄）里镇，也说明了这封信不太可能是写于红军占领遵义时，而是写于红军三大主力会师之后。

根据史料记载，1936年10月，中国工农红军三大主力在陕北会师后，经过山城堡与胡宗南部的最后一仗，第二次国内革命战争宣告结束，中国人不打中国人的愿望至此得以实现。紧接着爆发的西安事变，为国际国内的各种政治力量提供了一次难得的和解机会。当时占据我国东三省的日本军队长驱直入，大有踏破长城席卷中国之势。面对共同的敌人，由中共提出的实行国共第二次合作的倡议得到普遍响应。但国民党内的亲日派却调集大军，气势汹汹地赶来讨伐作出新抉择的东北军和西北军。应张学良、杨虎城的要求，中共在派出代表团赴西安参与调停谈判的同时，命令红军主力南下支援东北军和西北军作战。贺龙率领的红二方面军，就是在这个时候从三边、环县，经庆阳、旬邑、淳化到达富平、三原一带。这支征尘未洗，几个月前才结束长征，一个个骨瘦如柴，衣衫褴褛，肠胃里还残留着草根和树皮的队伍，一到达目的地，把枪一架，便开始挖战壕，筑工事，准备迎击何应钦部队的进攻。但仗却没有打起来，因为团结对外的呼声越来越高，国共合作的趋势已如黄河的怒涛，不可阻挡。西安事变后，贺龙

红二方面军干部在陕西省富平县庄里镇合影

率领的红二方面军南下渭北进驻富平县，其中红二方面军总指挥部进驻陕西富平县庄里镇张家大院。1937年7月，抗日战争全面爆发。8月，根据中共中央决定，红二方面军与红二十七、二十八军等部，在陕西省富平县庄里镇改编为国民革命军第八路军第120师。

从上述史料记载可以看出，陕西省富平县庄里镇正是红军三大主力会师后红二方面军的总指挥部所在地，进驻庄里镇的时间大概是在1936年12月至1937年初。同时，这名红军战士在信中说，“自儿出门转瞬间就是三年了”，且收信地址是贵州省江口县。根据这个时间进行简单的推算，刘姓红军战士出门的时间大约是在1934年。翻阅历史可以发现，1934年红二、六军团在寻求会师的过程中，曾转战黔东北，并途经过江口县。从这时算起到1937年，也差不多三年的时间。所以，刘姓红军战士极有可能是在这时参军离开家门。长征途中战事紧张，一直在长征胜利结束后才致信父母。信的主要内容是向父母问安，并表达了自己崇高的理想，当然也有一丝隐隐的不能孝敬父母的歉意。结合信的内容、信封的地址以及红二方面军的发展史，这样一种推理可能是更加合理的。这封信应该不是写于红军转战遵义时，而是在红军三大主力会师后，写于红二方面军总指挥部所在地——陕西省富平县庄里镇。

从遵义会议会址纪念馆里这封署名为红二方面军四师政治部这封红色家信中，我们看到了红军战士浴血奋战之后向家人报喜不报忧的深明大义，看到了他们对祖国和家庭的责任，看到了他们对革命充满了必胜的信念……正是有了这份信念，才有了无论是湘江战役，还是乌蒙磅礴走泥丸、更喜岷山千里雪的豪迈，才取得了二万五千里长征和中国革命的最后胜利。家书里记载的互报平安、家庭之间的点滴小事，穿插着红军战士丰富的思想情感的变化，实实在在，触手可及。这封家书或许能让广大青少年懂得，长征并未离我们远去，老一辈的长征是艰苦的、漫长的，但他们为阶级解放，为中华民族解放而抛家舍业、不畏牺牲的精神是永远值得我们学习的，这种精神传承了中华民族艰苦奋斗、敢于追求真理的优良传统，是华夏儿女自强不息、不屈不挠的民族精神的最高表现，是保证我们革命事业和社会主义伟大事业从胜利走向繁荣富强的强大精神力量。

【长征·故事】红六军团由湘赣苏区突围西征

1934年夏，湘赣苏区反“围剿”失利，苏区日益缩小。7月23日，中共中央和中央革命军事委员会命令红六军团撤离湘赣苏区，到湖南省中部发展游击战争，并同红三军（由红二军团改编）取得联系，配合中央红军的战略行动。据此，中共湘赣省委和湘赣军区成立了以任弼时为主席的军政委员会，领导红六军团的西征行动。

8月7日，红六军团第十七、第十八师和红军学校共9700余人由江西遂川的横石和新江口地区出发，先后突破国民党军衙前至五斗江、遂川至黄坳、遂川至七岭、寒口至广东桥的多道封锁线，于11日进到湖南桂东以南的寨前圩。至此，红六军团胜利突破重围，跳出了国民党军的包围圈。12日，红六军团领导机关正式成立，萧克任军团长、王震任政治委员。当日晚，红六军团从寨前圩地区出发，经汝城、资兴、郴县、桂阳、新田县境，于23日到达零陵东北蔡家埠地区，准备西渡湘江。但这时，国民党军一个旅及保安部队已先红军一天到达湘江，并已沿江展开，而敌追击部队一个师已进到阳明山地区，另一个师和两个民团正分路向零陵、道县开进。在敌重兵前堵后追的情况下，红六军团决定放弃由零陵地区抢渡湘江的计划，迅速向东转移，于

25日进到阳明山区。此时国民党军已分别从南、北、西三面逼近阳明山。

红六军团为甩开国民党军，采取兜圈子的战术，于26日进到白果市。随后又急转南下，28日到达嘉禾附近，接着急转西进，连续急行军3天，于8月31日乘虚在道县以南的薛家厂渡过潇水，甩掉了追击之敌。继经清水关进入广西北部。9月3日，在灌阳县文村击溃国民党湘军一部和桂军两个团。次日，于兴安县界首以北凤凰嘴地区渡过湘江，进占西延城。11日，进至城步以西的丹口地区。接着，继续西进，准备在绥宁以东地区侧击由城步向绥宁方向前进的国民党湘军，未能得手。红六军团随即向南，袭占通道城。18日在靖县新厂歼灭湘军两个团大部。10月1日，袭占贵州省的旧州。国民党军为阻止红六军团同红三军会合，以入黔的

红六军团部分领导占领湖南新化后合影。一排左三为王震，左五为萧克

湘、桂军主力进至石阡及镇远县拦截，以桂、湘、黔军各一部由南向北压迫，企图将红军消灭在石阡地区。7日，红六军团在石阡西南甘溪同桂军第十九师遭遇，一部被截断（后与红三军会合），主力转入石阡、余庆、施秉之间的高山密林，同国民党军20多个团周旋。与此同时，红三军主力由黔东苏区沿梵净山西麓南下接应。23日，红六军团主力到达贵州省印江县木黄。24日，与贺龙、关向应率领的红三军胜利会师。26日，红三军和红六军团在四川省酉阳县南腰界召开庆祝会师大会。

红六军团经过近80天艰苦转战，行程2500余公里，打破湘、粤、桂、黔四省国民党军的围追堵截，胜利地完成了突围西征的任务，并为中央红军长征起到了侦察、开路的先遣队作用。

据2006年10月16日《中国青年报》

附录

红军长征大事记

1934年

- 1934年4月，中央苏区北大门广昌失守，中央红军在苏区内粉碎国民党军第五次“围剿”已几无可能。
- 1934年5月，中共中央书记处作出决定，将中央红军主力撤离根据地，并将这一决定报告共产国际。
- 1934年6月，为筹划中央红军战略转移事宜，中共中央书记处成立了由博古、李德、周恩来组成的“三人团”。
- 1934年7月，为调动和牵制敌人，减轻国民党军对中央苏区的压力，寻淮洲、乐少华、粟裕等率中国工农红军北上抗日先遣队从瑞金出发，后经福建北上到闽浙赣苏区，与方志敏领导的红十军团会合，组成红十军团。
- 1934年8月7日，红军第六军团撤离湘赣苏区，突围西移，10月下旬与红三军（后恢复红军第二军团番号）会师。
- 1934年9月初至10月上旬，中央红军在兴国、石城方向，与国民党军展开了突围转移前夕艰苦的阻击战。
- 1934年9月29日，中华苏维埃共和国人民执行委员会主席张闻天在《红色中华》发表《一切为了保卫苏维埃》的署名社论。这一社论，实际上是中央红军准备战略转移的第一个公开信号。

- 1934年10月5日，中革军委派潘汉年、何长工为代表，同国民党粤军陈济棠的代表在寻乌罗塘谈判，达成就地停战、互通情报、解除封锁、相互通商和必要时借道等5项协议。
- 1934年10月上旬，中央红军主力撤出中央苏区时，中共中央政治局常委决定在中央苏区成立中国共产党中央分局和中华苏维埃共和国中央政府办事处，项英为中央分局书记兼中央军区司令员和政治委员，陈毅为中央政府办事处主任，统一领导中央苏区和闽浙赣苏区的红军和地方武装继续坚持斗争。
- 1934年10月7日，中国工农红军第九军团离开福建汀州，经瑞金开到会昌珠兰埠集结。
- 1934年10月8日晚，中国工农红军第八军团撤离战场，开至兴国南部社富集结休整。
- 1934年10月9日，中国工农红军第一军团离开兴国的竹坝、洪门地区，经于都的富坑，于11日集结在于都的宽田、岭背、段屋地区。
- 1934年10月10日，中共中央、中革军委机关从瑞金出发，开始战略转移，13日到达于都县城北的古田地区。
- 1934年10月12日晚，中国工农红军第三军团从石城南部出发，移驻于都曲洋、汾坑、车头地区。
- 1934年10月16日，中央红军主力各部队根据中共中央、中革军委命令，在于都河以北地区集结完毕。
- 1934年10月17日，中国工农红军第五军团从兴国县城南部撤出战斗，到达于都县城北地区。
- 1934年10月17日开始，中央红军主力五个军团及中央、军委机关和直属部队共8.6万余人，渡过于都河，踏上战略转移的征途。
- 1934年10月30日，中央红军全部离开大余县境，由大余横江、左拔一线进入崇义县，翻越大山，离开赣南苏区，向湖南进军，踏上了更为艰辛而漫长的长征路。

- 1934年10月21日—11月15日，中央红军先后通过了国民党军的三道封锁线。
- 1934年11月，红二十五军退出鄂豫皖苏区，开始实行战略转移。
- 1934年11月27日—12月1日，中央红军强渡湘江，损失严重，减为3万余人。
- 1934年12月18日，中共中央政治局在黎平举行会议，接受了毛泽东放弃与红二、红六军团会合的主张，改向国民党统治力量薄弱的贵州前进。
- 1934年12月30日—1935年1月6日，中央红军强渡乌江，并于7日占领遵义。

1935年

- 1935年1月15日—17日，中共中央政治局在遵义举行扩大会议，结束了王明“左”倾错误在党中央的统治，实际上开始确立毛泽东在党中央的领导核心地位。
- 1935年3月中旬，在贵州鸭溪、苟坝附近成立了由周恩来、毛泽东、王稼祥组成的“三人军事领导小组”，即“新三人团”，全权负责军事指挥。
- 1935年1月29日—3月中下旬，红军四渡赤水河，跳出了国民党的包围圈，粉碎了蒋介石企图围歼红军于川黔滇边境的狂妄计划。
- 1935年5月9日，中央红军从皎平渡渡过金沙江，摆脱了数十万国民党军的围追堵截。
- 1935年5月12日，中共政治局在四川省凉山州会理县城郊铁厂举行扩大会议，史称会理会议。会理会议是长征中一次重要的会议，它统一了中央红军的战略思想，进一步巩固了遵义会议的成果，是遵义会议精神的延续。

- 1935年5月22日，中革军委总参谋长刘伯承根据彝族的风俗习惯，同彝族果基家支首领小叶丹歃血为盟，结为兄弟，23日红一方面军主力顺利通过彝民区。
- 1935年5月25日，中央红军一部强渡大渡河，渡过了被国民党军视为不可逾越的天险。29日，飞夺泸定桥。
- 1935年6月18日，中央红军到达懋功地区，和红四方面军会师。
- 1935年6月26日，中共中央政治局在两河口举行会议，决定中央红军和红四方面军共同北上。
- 1935年8月4日—6日，为了推动张国焘执行中央的北上方针，党中央在毛儿盖以南的沙窝召开政治局会议，对于加强红一、红四方面军的统一领导与团结，坚定创建川陕甘根据地的必胜信心，起了积极的作用。同时，这次会议也开始公开暴露出张国焘与党中央的政治分歧。
- 1935年8月15日，红军总司令朱德、总政治委员张国焘率领由第五、第九、第三十一、第三十二、第三十三军组成的左路军，从卓克基地区出发，向阿坝地区开进。
- 1935年8月20日，中央政治局在四川毛儿盖举行会议，在会上，中央一些领导人与张国焘的分裂路线进行了坚决斗争，挫败了分裂红军的企图。
- 1935年8月21日，红军开始过草地。行军队列分左右两路，平行前进。右路军由毛泽东、周恩来、徐向前等率领，自四川毛儿盖出发，进入草地。经过7天的艰苦努力，右路军到达草地尽头的班佑地区。
- 1935年9月9日晚，中共中央在四川巴西地区召开紧急会议，决定右路军单独北上，在同室操戈前夕化解了张国焘的分裂主义，又一次挽救了红军挽救了党。

- 1935年9月10日凌晨，党中央率直属纵队离开四川巴西地区向甘肃俄界进发，同时发布《为执行北上方针告同志书》。
- 1935年9月12日，中共中央在俄界召开政治局会议，揭露和批判了张国焘分裂党和红军的错误，作出了《关于张国焘同志的错误的决定》。俄界会议后，中共中央决定将原有第一、第三军团缩编为中国工农红军陕甘支队。
- 1935年9月17日拂晓，中国工农红军陕甘支队夺取天险腊子口，进入甘南开阔地带。
- 1935年9月18日，胜利到达陕北的红二十五军与红二十六军、红二十七军合编为红军第十五军团，徐海东担任军团长。同日，中国工农红军陕甘支队先头部队到达甘肃省岷山县以南的哈达铺。22日，毛泽东等在哈达铺召开团以上干部会议，宣布要到陕北去。
- 1935年9月27日晚，毛泽东在原榜罗小学校长室主持召开了中共中央政治局常委会议，史称“榜罗镇会议”。会议作出了把红军长征落脚点放在陕北的正确决策，提出保卫与扩大陕北苏区的新的战略方针。
- 1935年10月19日，红一方面军到达陕甘苏区的吴起镇。至此，中共中央、红一方面军主力历时一年的长征结束。途经福建、江西、广东、湖南、广西、贵州、云南、四川、西康、甘肃、陕西11个省，行程二万五千里。
- 1935年11月初，红一方面军在甘泉附近地区同红十五军团会师。
- 1935年9月—1936年2月，张国焘南下行动使红军屡屡失利。6月，被迫接受了北上方针。
- 1935年11月19日，红二、红六军团共1.7万余人，由湖南桑植地区出发，开始长征。

1936年

- 1936年7月2日，红二、红六军团到达甘孜地区，同红四方面军会师。红二、红六军团和红三十二军组成红二方面军。
- 1936年7月初，红二、红四方面军从甘孜、炉霍、绥靖出发，共同北进。
- 1936年10月9日和22日，红四、红二方面军先后在甘肃省会宁县城和西吉县的将台堡同红一方面军会师。至此，红军长征全部胜利结束。

后记

从1934年10月到1936年10月，历时两年整，行程二万五千里，这就是被称为“当今时代无与伦比的一次史诗般的远征”——中国长征。

在长征中，中国工农红军历经了无数次惨烈的战斗，同样，也涌现了无数英勇的革命先烈，谱写了惊天地、泣鬼神的伟大诗篇。毛泽东说，“长征是宣言书，长征是宣传队，长征是播种机……”，而在后人心中，长征精神已经成为团结、牺牲、毅力、信念的代名词，成为人类卓越精神的象征。

长征历史应该被铭记，长征精神应该被传承。只有铭记历史，才能深刻了解过去、全面把握现在、正确创造未来。然而，如何使距今80多年的历史走出故纸堆，如何使长征在现代视野中被重温和亲历？对出版而言这并非易事，国内已出版著作大多因鸿篇巨制，卷帙浩繁，缺乏现场感和语言活力，难以形成感召力，难以为读者同情地理解。由此，我们考虑创新内容和形式，考虑呈现和接受，开始关注长征书信。

革命先烈坚贞不屈的精神和坚定的理想信念不仅在战斗中绽放着，也在一封封书信中被封存着，它们是凝聚长征精神的一颗颗红色火种。这些书信，不同于宏大的历史叙事，它们融入了长征亲历者的感受、体验，融入了那个独特时期的印记和气息。在这些书信中，既有热血男儿的沙场绝笔，也有严父慈母的叮咛嘱托；既有同胞兄弟之间的默默心语，亦有恋人之间的爱与深情……这些内心独白，因为融入知情意，展现了关于命运、关于生死，关于牺牲、关于信念的巨大力量，在今天显得弥足珍贵，有些读来余味绵长，催人泪下。

一封书简，一份情怀，一段历史。回顾那段峥嵘岁月，翻开那些尘封的书信，依然能读到硝烟和苦难、思念和牵挂以及为革命血洒疆场牺牲到底的决心，总会有一些莫名的感动涌上心头。长征精神是活的精神，在纪念红军长征胜利80周年这个特殊的节点，我们推出《长征书简——重温我们先辈的长征记忆》，重读这一封封带有革命先烈浓浓温情、浸染革命先烈鲜血的书信，不仅是为了重温历史、缅怀先烈，更要从中感悟先烈们的家国情怀，学习他们为革命、为家庭的责任与担当；不仅要让一封封书信成为革命先烈爱国爱家的历史见证，更要让长征精神作用于现代社会与国家建设，溶于人们的血液，作用于日常生活。

本书所选书信，大多摘自国内公开出版物，个别来自原始信件；选文尽量以书信为主，收录个别电文、遗嘱等，并按重要程度排序。书信作者文字水平各异，语言习惯不同，原文有些词句略欠规范，为尊重并保持书信原貌，在不影响理解的前提下，原文一般不作改动。原文中的错字、别字、异体字、衍字用［］表示，作者及家属加注用（）表示，缺字、漏字，编辑补充的内容用〈〉表示，破损、难以辨认的用■表示。在体例上，每封书信都包括书信正文、作者介绍、书信解读、长征故事四个部分。为了更好地把握这些书信，本书对收录的书信，从写作背景、书信内容、书信价值等方面作了较为细致的解读；同时根据书信内容，增加了一些有助于延伸阅读的链接，包括一些图片和长征故事，以使本书更加丰富、充实、生动。

本书是集体智慧的结晶，中央党校党史教研部主任，教授、博士生导师罗平汉主持本项目，负责全书的总体设计、内容审核与把关；中央党校博士、华南师范大学马克思主义学院副教授蒋积伟负责书信的解读并提供了不少珍贵资料；罗佐欧、肖磊、马琳等同志数月奔波于北京等地多个图书馆、档案馆等，大海淘金般搜集书信，为该书奠定了基础。同时，该书在书信搜集、写作过程中，吸收了国内已版图书的相关书信，也吸收了学界的相关成果以及报刊资料，鉴于该书是宣传普及类读物，有些材料未做详细标注。在此，对所有给予本书关注、帮助和支持的单位和同志，一并表示衷心的感谢。

虽然本书篇幅不大，但是实施起来并不容易，如在书信搜集整理方面，因为长征时间短，条件艰苦，书信保存难，材料搜集难度大大超出了编者的预期，书信的选择受到了很大限制。加之编写者水平有限，书中难免存在一些不当和不周之处，我们期待广大读者提出诚恳的批评意见。

长征不只是历史。我们相信，书信将给它带来血肉，并赋予它独有的生命力。呈现之，是为我们对长征的最好纪念。

编 者

图书在版编目（C I P）数据

长征书简：重温我们先辈的长征记忆 / 罗平汉主编.—南宁：广西人民出版社，2017.6（2020.7重印）
ISBN 978-7-219-10289-3

Ⅰ.①长… Ⅱ.①罗… Ⅲ.①中国工农红军长征—史料②书信集—中国—现代 Ⅳ.①K264.406 ②I266.5

中国版本图书馆CIP数据核字（2017）第103948号

长征书简：重温我们先辈的长征记忆
CHANGZHENG SHUJIAN：CHONGWEN WOMEN XIANBEI DE CHANGZHENG JIYI
主　　编　罗平汉

总 策 划　温六零　卢培钊
策　　划　白竹林　吴小龙
责任编辑　吴小龙　许晓琰
责任校对　陈　威
整体设计　林　林（广大迅风艺术）
印前制作　麦林书装

出版发行　广西人民出版社
社　　址　广西南宁市桂春路6号
邮　　编　530021
印　　刷　三河市兴国印务有限公司
开　　本　787mm×1092mm　1/16
印　　张　15
字　　数　185千字
版　　次　2017年6月　第1版
印　　次　2020年7月　第6次印刷
书　　号　ISBN 978-7-219-10289-3
定　　价　48.00元